우리말 한자 바로 쓰기

차례
Contents

들어가며

   다산(茶山) 정약용(1762~1836) 선생은 문장과 경학에 뛰어났을 뿐만 아니라 실학을 집대성한 훌륭한 학자다.

   다산은 200년 전에 이미 현실과 동떨어진 천자문(千字文)의 체제 및 내용 결함을 지적하며 "한자 공부는 형상이나 뜻 또는 주제별로 분류해서 익혀야 지혜의 구멍이 크게 열린다."라고 말했다. 아울러 당시에 자주 쓰던 한자 2,000자를 계통별로 묶어 이해하기 쉽게 한 아동용 한자 교과서인 『아학편훈의(兒學編訓義)』를 1804년에 발간하였다. 이 책은 아동의 인지능력에 맞추어 천지부모(天地父母), 형제남녀(兄弟男女), 춘하추동(春夏秋冬), 한서냉온(寒暑溫冷)과 같이 음양이 대치되도록 한자를 배열하고 한자의 생성 원리인 '육서(六書)'와 편(偏)·방(傍)의 법칙을 학습할 수 있게 되어 있다.

그로부터 100년이 지난 1908년, 국어학자인 주시경은 『아학편훈의』에 주(註)를 달아 해설하며 한자 2,000자의 훈(訓)과 음(音), 운(韻), 중국어 발음, 사성(四聲), 국어의 성조와 여기에 해당하는 영어 어휘와 우리말 독음을 함께 적은 『아학편(兒學編)』을 발간하였다. 맞춤법과 사성표기에 관한 의견을 제시한 그야말로 국어학사에 중요한 자료다.

그 후 다시 100년이 지났다. 2001년 한국교육개발원에서 발표한 '한국 성인들의 독해 능력도'를 보면 읽고 글을 이해하는 능력은 OECD 22개국 중 18위에 그쳤다. 또한 2007년 한국교육과정 평가원이 발표한 '전국 중학교 3학년 학업성취도(평가 대상 기간: 2004~2006)'에서 '국어 우수 학생' 비율은 2004년 14.1%에서 2005년 12.8%, 2006년 11.0%로 계속 줄어든 반면, '국어 기초능력 미달 학생' 비율은 2005년 4.4%에서 2006년 7.4%로 급증한 바 있다. 훌륭한 선조 두 분께서 우리 후손의 깨우침을 위하여 고심하고 역작을 내놓았음에도 불구하고, 이것이 우리 국어의 현주소다.

2004년, 필자는 베트남의 호찌민 종합대학에서 베트남어를 배울 기회가 있었다. 초중고 시절 한자교육을 받은 세대라 필자는 우리말보다 한자를 더 많이 사용하는 베트남어를 비교적 수

월하게 배울 수 있었다. 그리고 그때 세계무대 특히, 경제 분야에서 비중이 커지고 있는 한자문화권 나라들을 상대로 비즈니스를 하려면 한자는 필수라는 생각을 했었다.

필자는 비록 한자를 전공하지 않았지만, '한자는 어렵다.'라는 인식을 바로잡고 모든 국민이 우리말을 제대로 구사할 수 있도록 『우리말 한자 바로 쓰기』를 발간하게 되었다. 이 책을 통해 우리말 한자의 의미를 재미있고 쉽게 익힐 수 있게 되기를 기대한다.

잘못 사용하고 있는 우리말 표현

우리말을 잘 구사하는 사람 중에서도 많은 사람이 다음과 같은 표현을 사용한다.

금새, 웬지, 재털이, 인간 말종, 쌍판대기, 우뢰와 같은 박수, 바램

이는 모두 잘못된 표현으로, 다음과 같이 사용해야 한다.

금새 ⟶ 금세

웬지 ⟶ 왠지

재털이	⟶	재떨이
말종	⟶	망종(亡種)
쌍판대기	⟶	상(相)판대기
우뢰	⟶	우레
바램	⟶	바람

이런 잘못된 표현들은 우리가 일상에서 은연중에 사투리(방언)를 많이 사용하는 데 기인하는 바도 크지만, 근본적인 원인은 맞춤법을 제대로 모른다는 것이다.

학교에서 맞춤법을 제대로 가르치고, 언론사에서 맞춤법에 맞춰 글을 쓰고 보도를 하면 될 것 아니냐고 이야기하는 사람도 있을 것이다. 그러나 현실은 그렇게 녹록지 않다. 신문은 지면을 사용하기 때문에 맞춤법을 올바르게 사용할 수 있지만, 방송의 맞춤법 준수(?)는 현실적으로 불가능한 상태다. 왜냐하면 출연자들의 언어 구사능력에 무방비 상태로 노출되기 때문이다. 더욱 안타까운 것은 컴퓨터의 발달로 손으로 직접 글을 쓰는 일이 줄어들면서 학생들은 맞춤법을 제대로 배우려고 생각하지 않는다는 점이다.

다소 늦은 감은 있지만 지금부터라도 '잘못 사용하는 표현들'을 계속 찾아내어 우리말을 바르게 구사하도록 부단히 노력해야 한다.

이제 일상에서 '잘못 사용하는 우리말'에 대해 좀 더 살펴보고자 한다.

맞춤법이 틀린 순 우리말

건데기	건더기
구데기	구더기
낼름	날름
더우기	더욱이
몇일, 몇 일	며칠
부시시	부스스
아뭏든	아무튼
오랫만	오랜만
오지랍	오지랖
의례	으레
자잘못	잘잘못
주책이다	주책없다
진탕	진창
짜집기	짜깁기

표준어가 아닌 순 우리말

방언		표준말
가치	⟶	개비
국시	⟶	국수
더듬수	⟶	꼼수
벽장	⟶	다락
몽창	⟶	몽땅
바쿠	⟶	바퀴
방구	⟶	방귀
나락	⟶	벼
정구지	⟶	부추
삭신	⟶	온몸
어저께	⟶	어제
입초시	⟶	입길
쫄따구	⟶	졸개
단꺼번	⟶	단번(單番)
부주	⟶	부조(扶助)
사둔	⟶	사돈(査頓)
삼춘	⟶	삼촌(三寸)
양발	⟶	양말(洋襪)

봉다리	──────→	봉지(封紙)
혁띠	──────→	혁대(革帶)
복판	──────→	가운데
갈쿠리	──────→	갈고리
손꼬락	──────→	손가락
신새벽	──────→	첫새벽
귀후비개	──────→	귀이개
일찌감치	──────→	일찍이
미꾸리	──────→	미꾸라지
채신머리	──────→	채신머리
욱박지르다	──────→	윽박지르다
궁시렁거리다	──────→	구시렁거리다

잘못 사용하는 한자어

흔히 '목례'를 '고개를 숙이며 하는 인사'로 알고 있다. 그러나 '눈짓으로 가볍게 하는 인사' 즉, '目禮'를 이르는 말이므로 '눈인사'로 순화해 쓰는 것이 바람직하다.

2음절

전대(錢帶)	──────→	전대(纏帶)

구좌(口座) ──────────→ 계좌(計座)

귈련 ──────────→ 권연(卷煙)

우풍 ──────────→ 외풍(外風)

윤과 ──────────→ 윤화(輪禍)

천상(天常) ──────────→ 천생(天生)

천정 ──────────→ 천장(天障)

파토 ──────────→ 파투(破鬪)

희안하다 ──────────→ 희한(稀罕)하다

3음절

과일주 ──────────→ 과실주(果實酒)

뇌졸증(腦卒症) ──────────→ 뇌졸중(腦卒中)

벽창호 ──────────→ 벽창우(碧昌牛)

볶을복 ──────────→ 복불복(福不福)

삼오제 ──────────→ 삼우제(三虞祭)

정한수 ──────────→ 정화수(井華水)

횡경막 ──────────→ 횡격막(橫膈膜)

임산부(姙産婦) ──────────→ 임부(姙婦), 산부(産婦), 임신부(姙娠婦)

초죽음 ──────────→ 초주검(初주검)

만상주(만喪主) ──────────→ 만상제(만喪制)

애시당초(當初) ──────→ 애초(初), 애당초(當初)

4음절

구안와사 ──────→ 구안괘사(口眼喎斜)

대중요법 ──────→ 대증요법(對症療法)

독수공방(獨守空房) ──────→ 독숙공방(獨宿空房)

산수갑산 ──────→ 삼수갑산(三水甲山)

생사여탈 ──────→ 생살여탈(生殺與奪)

성대묘사 ──────→ 성대모사(聲帶模寫)

승승장구(勝勝長驅) ──────→ 승승장구(乘勝長驅)

야밤도주 ──────→ 야반도주(夜半逃走)

양수거지 ──────→ 양수교지(兩手交之)

유도심문 ──────→ 유도신문(誘導訊問)

유미봉요(柳尾蜂腰) ──────→ 유미봉요(柳眉蜂腰)

이억만리(二億萬里) ──────→ 이역만리(異域萬里)

일약천금 ──────→ 일확천금(一攫千金)

절대절명 ──────→ 절체절명(絶體絶命)

중과부족 ──────→ 중과부적(衆寡不敵)

칠전팔기(七轉八起) ──────→ 칠전팔기(七顚八起)

포복졸도 ──────→ 포복절도(抱腹絶倒)

풍지박산 ──────→ 풍비박산(風飛雹散)

홀홀단신 ──────────→ 혈혈단신(孑孑單身)

삼지사방 ──────────→ 산지사방(散之四方)

좌우당간 ──────────→ 좌우지간(左右之間)

• 야반도주

夜半逃走(밤 야, 반 반, 도망할 도, 달릴 주)

'반(半)'은 '한창, 절정'을 의미하며, '한밤중 몰래 도망치는 것'을
뜻하므로 '야밤도주'는 잘못된 표현이다.

• 절체절명

絶體絶命(끊을 절, 몸 체, 끊을 절, 목숨 명)

몸과 목숨을 끊어야 할 정도로 '궁지(窮地)에 몰려 살아날 길이
없게 된 막다른 처지'를 이르는 말이므로 '절대절명'은 잘못된 표
현이다.

• 중과부적

衆寡不敵(무리 중, 적을 과, 아닐 불, 대적할 적)

'적은 수로는 많은 수를 대적하지 못한다.'는 것을 뜻하므로 '중
과부족'은 잘못된 표현이다.

- 풍비박산

  風飛雹散(바람 풍, 날 비, 우박 박, 흩을 산)

  '바람이 세게 불어 우박이 이리저리 흩어지다.' 즉, 어떤 일이나 사물이 엉망으로 되어 흐트러지는 것을 뜻하므로 '풍지박산'은 잘못된 표현이다.

- 옥석구분

  玉石俱焚(구슬 옥, 돌 석, 함께 구, 불사를 분)

  '옥과 돌이 함께 불타버리다.' 즉, 착한 사람과 악한 사람이 함께 망하는 것을 비유하므로 '옥석구분 없이'는 잘못된 표현이다.

순 우리말로 착각하고 있는 한자어

다음 중 한자어가 아닌 것을 찾아보자.

(ㄱ) 감기, 건달, 괴팍

(ㄴ) 나팔, 노골적

(ㄷ) 두부

(ㅁ) 미안, 미음

(ㅂ) 반찬, 반창고, 복덕방

(ㅅ) 사과, 사돈, 사랑방, 사발, 사촌

(ㅇ) 안주, 야단법석, 양말, 영감, 요지경, 원두막

(ㅈ) 자두, 잠깐, 잡동사니, 장작, 재롱, 죽, 지금

(ㅊ) 찬장, 참견, 창피, 총각

(ㅌ) 타령, 퇴짜

(ㅍ) 포도, 풍선

(ㅎ) 허무맹랑, 화투, 환장, 흥청망청

이중 한자어가 아닌 것은 '흥청망청'뿐이다. 아마도 '나팔' '요지경' '잠깐' '재롱' '창피' '총각' '퇴짜' '풍선'이 모두 한자어라고는 생각하지는 못했을 것이다. 특히 '감기' '복덕방' '사돈' '사촌' '잡동사니'가 우리나라에서 만들어지고 우리나라에서만 쓰이는 한자어라는 사실은 더더욱 알지 못했을 것이다.

'돈이나 물건 따위를 마구 쓰는 모양'을 뜻하는 '흥청망청'은 조선조 때 연산군이 궐내에 출입시킨 1등급 기녀들을 부르던 '흥청(興淸)'이라는 단어에 같은 음이나 비슷한 음을 가진 단어를 별 뜻 없이 후렴처럼 결합시키는 첩어(疊語) 형태의 '망청'이라는 순 우리말을 붙인 말이다. 흥청망청의 유래를 살펴보자.

연산군은 자신을 낳고 궁궐에서 쫓겨난 폐비 윤 씨의 죽음을 애통히 여겨 관련된 사람들을 잡아다가 무자비하게 죽였다. 날이 갈수록 난폭해진 연산군은 나쁜 짓을 서슴지

않았고 대신들을 팔도에 보내 예쁜 여자들을 뽑아오게 하여 궁궐에 살게 하였는데, 그 수가 무려 1만 명에 가까웠다.

연산군은 이들 중에서 특히 용모가 예쁘고 노래를 잘 부르며 춤도 잘 추는 여자들을 가려 뽑아 '흥청'이라고 불렀다. 그러나 매일 이들을 불러 잔치를 벌이던 연산군은 중종반정으로 쫓겨나 강화도에서 죽었다.

'흥청망청'은 '흥청' 때문에 망했다고 하여, 운(韻)을 따라 별 뜻 없이 '망청'을 한 데 어울러 쓴 것이 사자성어로 굳어진 말이다.

야단법석(野壇法席)도 살펴보자. 야단(野壇)은 야외(野外)에 세운 단(壇)이고, 법석(法席)은 불법을 펴는 자리로 '야단법석'은 부처님의 말씀을 듣기 위해 야외에 마련한 자리를 말한다. 석가모니가 처음으로 녹야원 동산에 야단법석을 폈을 때는 다섯 명의 비구만 참석했었다. 그러나 불교 교세가 점점 커지면서 말 그대로 야단법석의 기회가 많아졌고 그 규모도 커져 석가모니가 영취산에서 반야심경을 설법할 때는 20만 명, 법화경을 설법할 때는 무려 300만 명에 가까운 청중이 구름처럼 몰려들었다고 전해져 온다. 이처럼 인파가 많았기 때문에 시끌벅적해질 수밖에 없었다. 그래서 지금은 '많은 사람이 모여 떠들썩하고 부산스럽다.'라는 약간 좋지 않은 뜻으로 바뀌어 쓰이고 있다.

그러면 앞에서 열거한 단어들을 하나씩 살펴보자.

ㄱ

감기(感氣; 느낄 감, 기운 기)

건달(乾達; 마를 건, 통달할 달)

괴팍(乖愎; 어그러질 괴, 강퍅할 퍅)

ㄴ

나팔(喇叭; 나팔 라, 나팔 팔)

노골(露骨; 이슬 로, 뼈 골)

ㄷ

두부(豆腐; 콩 두, 썩을 부)

ㅁ

미안(未安; 아닐 미, 편안 안)

미음(米飮; 쌀 미, 마실 음)

ㅂ

반찬(飯饌; 밥 반, 반찬 찬)

반창고(絆瘡膏; 얽어맬 반, 부스럼 창, 기름 고)

복덕방(福德房; 복 복, 덕 덕, 방 방)

ㅅ

사과(沙果; 모래 사, 실과 과)

사돈(査頓; 조사할 사, 조아릴 돈)

사랑방(舍廊房; 집 사, 행랑 랑, 방 방)

사발(沙鉢; 모래 사, 바리때 발)

사촌(四寸; 넉 사, 마디 촌)

ㅇ

안주(按酒; 누를 안, 술 주)

야단법석(野壇法席; 들 야, 단 단, 법 법, 자리 석)

양말(洋襪; 바다 양, 버선 말)

영감(令監; 하여금 령, 볼 감)

요지경(瑤池鏡; 아름다울 옥 요, 못 지, 거울 경)

원두막(園頭幕; 동산 원, 머리 두, 막 막)

ㅈ

자두(紫桃; 자줏빛 자, 복숭아 도)

잠간(暫間; 잠깐 잠, 사이 간)

잡동사니(雜同散異; 섞일 잡, 한 가지 동, 흩을 산, 다를 이)

장작(長斫; 길 장, 벨 작)

재롱(才弄; 재주 재, 희롱할 롱)

죽(粥; 죽 죽)

지금(只今; 다만 지, 이제 금)

찬장(饌欌; 반찬 찬, 장롱 장)

참견(參見; 간여할 참, 볼 견)

창피(猖披; 미쳐 날뛸 창, 나눌 피)

총각(總角; 거느릴 총, 뿔 각)

타령(打令; 칠 타, 하여금 령)

퇴짜(退字; 물러날 퇴, 글자 자)

포도(葡萄; 포도 포, 포도 도)

풍선(風船; 바람 풍, 배 선)

허무맹랑(虛無孟浪; 빌 허, 없을 무, 맏 맹, 물결 랑)

화투(花鬪; 꽃 화, 싸움 투)

환장(換腸; 바꿀 환, 창자 장)

쉽게 만들어진 우리말 한자

한자는 오랜 세월에 걸쳐 여러 지역에서 여러 사람에 의해 만들어졌고(非一時一地一人之作), 지금은 그 수가 무려 8만 6,000여 자에 달해 많은 사람이 어렵다고 느낄 수 있다. 그러나 사람들이 가급적 일정한 원칙에 따라 한자를 만들었기 때문에 그 원칙을 알고 나면(모든 한자에 적용되는 것은 아니지만), 한자를 배우는 것은 그다지 어렵지 않다.

첫째, 본디 쉽게 만들어진 한자가 적지 않다. 둘째, '뜻'을 담당하는 부수(部首)처럼 '소리(音)'를 담당하는 한자에도 나름대로 계통이 있다. 셋째, 우리말 속에 녹아 있어서 귀에 익숙한 사자성어와 첩어 그리고 속담이 많다.

음(音)과 뜻이 같은 한자어

ㄱ

肝(간 간)　　匣(갑 갑)　　江(강 강)　　功(공 공)
窟(굴 굴)　　櫃(궤 궤)　　旗(기 기)

ㄷ

壇(단 단)　　德(덕 덕)　　悳(덕 덕)　　毒(독 독)

ㅁ

幕(막 막)　　門(문 문)

ㅂ

半(반 반)　　法(법 법)　　壁(벽 벽)　　病(병 병)
瓶(병 병)　　福(복 복)

ㅅ

城(성 성)　　姓(성 성)　　詩(시 시)　　雙(쌍 쌍)

ㅇ

藥(약 약)　　羊(양 양)　　業(업 업)　　獄(옥 옥)

韻(운 운)　　　銀(은 은)

ㅈ

盞(잔 잔)　　　點(점 점)　　　兆(조 조)　　　汁(즙 즙)

ㅊ

槍(창 창)　　　窓(창 창)　　　冊(책 책)　　　妾(첩 첩)
銃(총 총)　　　層(층 층)

ㅌ

塔(탑 탑)

ㅍ

牌(패 패)　　　脯(포 포)　　　幅(폭 폭)　　　匹(필 필)

ㅎ

鶴(학 학)　　　函(함 함)　　　或(혹 혹)　　　膾(회 회)

'膾炙(회자; 회 회, 고기 구울 자)'에서 '炙'의 '火(불 화)' 위에 있
는 글자는 '회(膾)'의 '月(달 월)'과 마찬가지로 '肉(고기 육)'의 간
략형인 '月'이다. 즉, '月'이 '자연(自然)'의 '然(그러할 연)'과 '제

사(祭祀)'의 '祭(제사지낼 제)'처럼 다른 글자 위에 자리하면서 옆으로 비스듬히 누운 모양으로 바뀐 것이다.

여하튼 먹을 것이 풍족하지 않았던 옛날에 '회'와 '구운 고기'는 최고급 음식이었다. '회자(膾炙)'는 본디 '폭넓게 칭찬을 받으며 입에서 입으로 구전(口傳)되는 것'을 뜻했으나, 근래에 와서는 오히려 '책잡힐 행동이나 잘못된 처신 등이 입에서 입으로 구전되는 것'을 뜻하는 부정적인 면에서 더 많이 쓰인다.

두 한자의 음이 같은 한자

叛(배반할 반) ⟶ 半(반 반) + 反(되돌릴 반)

蕉(파초 초) ⟶ 艹(풀 초) + 焦(그을릴 초)

嚮(향할 향) ⟶ 鄕(시골 향) + 向(향할 향)

號(부르짖을 호) ⟶ 号(부를 호) + 虎(범 호)

두 한자의 음이 그대로 뜻이 된 한자

蘭(난초 란) ⟶ 闌(가로막을 란) + 艹(풀 초)

輛(차량 량) ⟶ 車(수레 차) + 兩(두 량)

爐(화로 로) ⟶ 火(불 화) + 盧(밥그릇 로)

倫(인륜 륜) ⟶ 亻(사람 인) + 侖(생각할 륜)

魔(마귀 마) ──────→ 麻(삼 마) + 鬼(귀신 귀)

鮫(문어 문) ──────→ 文(글월 문) + 魚(물고기 어)

閥(문벌 벌) ──────→ 門(문 문) + 伐(칠 벌)

烽(봉화 봉) ──────→ 夆(만날 봉) + 火(불 화)

駟(사마 사) ──────→ 四(넉 사) + 馬(말 마)

筍(죽순 순) ──────→ 竹(대나무 죽) + 旬(열흘 순)

羚(영양 영) ──────→ 令(영 령) + 羊(양 양)

豌(완두 완) ──────→ 宛(굽을 완) + 豆(콩 두)

慾(욕심 욕) ──────→ 欲(하고자할 욕) + 心(마음 심)

磁(자석 자) ──────→ 兹(이 자) + 石(돌 석)

材(재목 재) ──────→ 才(재주 재) + 木(나무 목)

潮(조수 조) ──────→ 朝(아침 조) + 氵(물 수)

駿(준마 준) ──────→ 夋(준걸 준) + 馬(말 마)

芝(지초 지) ──────→ 之(갈 이 지) + ⁺⁺(풀 초)

硝(초석 초) ──────→ 肖(닮을 초) + 石(돌 석)

颱(태풍 태) ──────→ 台(별 태) + 風(바람 풍)

芭(파초 파) ──────→ 巴(땅 이름 파) + 艸(풀 초)

湖(호수 호) ──────→ 胡(드리워질 호) + 氵(물 수)

蛔(회충 회) ──────→ 回(돌 회) + 虫(벌레 충)

栭(목이버섯 이) ──────→ 木(나무 목) + 耳(귀 이)

뜻의 일부가 음인 한자

ㄱ

敢(감히 감)	薑(생강 강)	巾(수건 건)
檄(격문 격)	格(격식 격)	鵑(두견이 견)
慶(경사 경)	敬(공경 경)	境(지경 경)
痼(고질 고)	穀(곡식 곡)	果(실과 과)
科(과목 과)	課(과정 과)	卦(점괘 괘)
蛟(교룡 교)	膠(아교 교)	廐(마구간 구)
臼(절구 구)	菊(국화 국)	軍(군사 군)
闕(대궐 궐)	級(등급 급)	妓(기생 기)
己(자기 기)	氣(기운 기)	畿(경기 기)

ㄴ

農(농사 농)

ㄷ

緞(비단 단)	答(대답 답)	度(법도 도)
都(도읍 도)	瞳(눈동자 동)	燈(등잔 등)
藤(등나무 등)		

ㄹ

螺(소라 라)　　　欄(난간 란)　　　糧(양식 량)

靈(신령 령)　　　禮(예도 례)

ㅁ

漠(사막 막)　　　每(매양 매)　　　媒(중매 매)

盟(맹세 맹)　　　帽(모자 모)　　　巫(무당 무)

ㅂ

盤(소반 반)　　　屛(병풍 병)　　　寶(보배 보)

譜(족보 보)　　　鰒(전복 복)　　　鳳(봉새 봉)

峰(봉우리 봉)　　符(부호 부)　　　腑(육부 부)

鵬(붕새 붕)　　　砒(비상 비)　　　妃(왕비 비)

ㅅ

史(역사 사)　　　獅(사자 사)　　　私(사사 사)

傘(우산 산)　　　狀(형상 상)　　　箱(상자 상)

床(평상 상)　　　甥(생질 생)　　　錫(주석 석)

仙(신선 선)　　　誠(정성 성)　　　簫(퉁소 소)

俗(풍속 속)　　　孫(손자 손)　　　嫂(형수 수)

讐(원수 수)　　　鬚(수염 수)　　　繡(수놓을 수)

諡(시호 시)　　　　臣(신하 신)

ㅇ

庵(암자 암)　　　　樣(모양 양)　　　　蓮(연꽃 연)

煙(연연기 연)　　　伍(대오 오)　　　　瓦(기와 와)

豌(완두 완)　　　　倭(왜나라 왜)　　　堯(요임금 요)

原(근원 원)　　　　猿(원숭이 원)　　　威(위엄 위)

醫(의원 의)　　　　姨(이모 이)　　　　已(이미 이)

ㅈ

字(글자 자)　　　　匠(장인 장)　　　　帳(장막 장)

臟(오장 장)　　　　贓(장물 장)　　　　薔(장미 장)

財(재물 재)　　　　才(재주 재)　　　　漸(점점 점)

政(정사 정)　　　　穽(함정 정)　　　　頂(정수리 정)

潮(조수 조)　　　　祖(조상 조)　　　　主(주인 주)

紬(명주 주)　　　　俊(준걸 준)　　　　症(증세 증)

證(증거 증)　　　　枝(가지 지)

ㅊ

饌(반찬 찬)　　　　廳(관청 청)　　　　忠(충성 충)

ㅌ

彈(탄알 탄)　　兎(토끼 토)

ㅍ

瀑(폭포 폭)　　豹(표범 표)　　豊(풍년 풍)

ㅎ

漢(한수 한)　　港(항구 항)　　幸(다행 행)

刑(형벌 형)　　豪(호걸 호)　　凰(봉황 황)

孝(효도 효)

뜻이 '～할'인 경우

ㄱ

强(강할 강)　　決(결단할 결)　　兼(겸할 겸)

謙(겸손할 겸)　　公(공평할 공)　　巧(공교할 교)

求(구할 구)　　奇(기이할 기)　　吉(길할 길)

ㅂ

叛(배반할 반)

ㅅ

甚(심할 심)

ㅇ

嚴(엄할 엄)　　　因(인할 인)

ㅈ

診(진찰할 진)

ㅊ

取(취할 취)

ㅌ

吐(토할 토)

ㅍ

平(평평할 평)

ㅎ

合(합할 합)　　　向 (향할 향)　　　嚮 (향할 향)
和 (화할 화)

짝꿍 한자

곤이(鯤鮞) ⟶ 鯤(곤이 곤), 鮞(곤이 이)

귀신(鬼神) ⟶ 鬼(귀신 귀), 神(귀신 신)

기치(旗幟) ⟶ 旗(기 기), 幟(기 치)

낙타(駱駝) ⟶ 駱(낙타 낙), 駝(낙타 타)

물건(物件) ⟶ 物(물건 물), 件(물건 건)

배필(配匹) ⟶ 配(짝 배), 匹(짝 필)

법규(法規) ⟶ 法(법 법), 規(법 규)

법전(法典) ⟶ 法(법 법), 典(법 전)

복지(福祉) ⟶ 福(복 복), 祉(복 지)

비파(琵琶) ⟶ 琵(비파 비), 琶(비파 파)

사부(師傅) ⟶ 師(스승 사), 傅(스승 부)

사치(奢侈) ⟶ 奢(사치할 사), 侈(사치할 치)

산호(珊瑚) ⟶ 珊(산호 산), 瑚(산호 호)

상서(祥瑞) ⟶ 祥(상서 상), 瑞(상서 서)

수렵(狩獵) ⟶ 狩(사냥 수), 獵(사냥 렵)

악착(齷齪) ⟶ 齷(악착할 악), 齪(악착할 착)

요행(僥倖) ⟶ 僥(요행 요), 倖(요행 행)

은혜(恩惠) ⟶ 恩(은혜 은), 惠(은혜 혜)

장수(將帥) ⟶ 將(장수 장), 帥(장수 수)

재앙(災殃) ──────→ 災(재앙 재), 殃(재앙 앙)

제사(祭祀) ──────→ 祭(제사 제), 祀(제사 사)

파초(芭蕉) ──────→ 芭(파초 파), 蕉(파초 초)

포복(匍匐) ──────→ 匍(길 포), 匐(길 복)

항상(恒常) ──────→ 恒(항상 항), 常(항상 상)

해태(獬豸) ──────→ 獬(해태 해), 豸(해태 태)

호박(琥珀) ──────→ 琥(호박 호), 珀(호박 박)

혼인(婚姻) ──────→ 婚(혼인 혼), 姻(혼인 인)

희생(犧牲) ──────→ 犧(희생 희), 牲(희생 생)

부수가 같은 짝꿍 한자

• 요조

窈窕(그윽할 요, 으늑할 조)

'窈'와 '窕'의 부수는 '穴(굴 혈)'로 '깊고 조용하다'라는 뜻이 있
다. 선인들은 무릇 처녀란 조용하고 정숙해야 한다고 하였으며,
여기에서 '요조숙녀(窈窕淑女)'라는 말이 생겼다.

• 지척

咫尺(여덟치 지, 자 척)

'只(다만 지)'를 파자(破字)하면 눈금(口)이 8(八)개로 '咫'는
'여덟치'를, '尺'은 손목부터 팔뚝까지의 길이를 뜻한다. 따라서

'지척'은 20~25Cm의 짧은 거리를 의미한다. 이 말에서 '지척도 분간할 수 없다.' '지척이 천 리(千里)'라는 말이 생겼다.

• 태풍
颱風(태풍 태, 바람 풍)

북태평양 서부에서 발생하여 아시아 대륙 동부로 불어오는 열대성 저기압 또는 그 저기압이 동반하는 폭풍우를 이르는 말로, 영어 'Typhoon'의 어원이 되었다.

• 포도
葡萄(포도 포, 포도 도)

'葡'는 '기는 풀', '萄'는 옹기를 만들 때 쓰는 '감싸는 풀'이다. 즉, '포도'는 땅을 기듯 덩굴을 뻗어 다른 물체를 감으면서 자란다고 하여 붙여진 이름이다.

• 호접
蝴蝶(나비 호, 나비 접)

'나비'를 뜻하지만 '胡蝶(호접; 오랑캐 호, 나비 접)'보다는 쓰임이 적다.

암수 짝꿍 한자

• 기린

麒麟(기린 기, 기린 린)

세상에 성인(聖人)이 태어나면 나타난다는 상상 속의 동물로, 수
컷을 '麒', 암컷을 '麟'이라 한다. '슬기와 재주가 남달리 뛰어난
유망주'라는 뜻으로 '기린아(麒麟兒)'라는 말이 쓰인다.

• 봉황

鳳凰(봉황 봉, 봉황 황)

수컷인 '鳳'과 암컷인 '凰'은 고귀함과 상서로움, 나아가 성군(聖
君)을 상징해 우리나라 대통령의 문양에 들어 있는 새다. '봉 잡
았다'는 '대단한 행운(幸運)을 거머쥐었다.'라는 뜻으로 쓰인다.

• 원앙

鴛鴦(원앙 원, 원앙 앙)

'鴛'은 수컷, '鴦'은 암컷을 말하며, 다정하기로 이름나 짝을 맺으
면 떨어질 줄 모르고 짝이 죽으면 상심한 나머지 먹지 않고 굶어
죽을 정도로 수절하기도 한다. 금실 좋은 부부의 상징인 까닭에
베개나 이불에 원앙을 수놓기도 한다.

• 자웅

雌雄(암컷 자, 수컷 웅)

'雌'와 '雄'은 본디 역(曆)에서 나온 말로 밤과 낮을 뜻했으나 후에 날짐승의 암컷과 수컷을 가리키는 말로 바뀌었다. '자웅을 겨루다.'라는 말은 밤과 낮이 일진일퇴하는 것 즉, 비슷한 힘을 가진 상대끼리 승부를 겨루는 것을 의미한다. 날짐승과 달리 길짐승의 암수는 '牛(소 우)'를 부수로 사용하여 빈모(牝牡)라고 한다.

대소(大小) 짝꿍 한자

• 금슬

琴瑟(거문고 금, 큰 거문고 슬)

거문고와 비파를 아울러 이르는 말이나 뜻이 변하여 지금은 '좋은 부부 사이'를 표현하는 말로 쓰인다. 'ㅡ'가 'ㅣ'로 바뀌어 '금실'로 발음된다.

• 홍안

鴻雁(큰 기러기 홍, 기러기 안)

전통혼례 때 상 위에 놓는 기러기(산 기러기를 쓰기도 했으나 흔히 나무로 만든 것)를 뜻하며, 신랑이 신부 집에 기러기를 가지고 가서 상 위에 놓고 절하는 예를 뜻하는 '홍안지례(鴻雁之禮)'에 쓰인다.

• 구마

駒馬(망아지 구, 말 마)

'駒'는 말의 새끼를 말한다. 참고로 송아지는 '독(犢)', 병아리는
'추(雛)', 강아지는 '구(狗)'다.

• 보루

堡壘(작은 성 보, 진 루)

'堡'와 '壘'는 각각 흙이나 돌로 쌓은 작은 성과 큰 성을 가리키
는 말로 '보루'는 가장 튼튼한 발판을 의미한다. 일루(一壘), 이
루(二壘), 잔루(殘壘) 등 야구 용어에 많이 쓰이고 있다.

뜻이 반대인 짝꿍 한자

• 경위

經緯(지날 경, 씨 위)

'經'은 베를 짤 때 쓰는 날실을, '緯'는 씨실을 말한다. 날실과 씨
실을 맞물려 직물을 짠다는 점에 착안하여 '어떤 일이나 사건의
자세한 전말'을 말한다.

• 수작

酬酌(갚을 수, 술 부을 작)

'酬'는 술을 따라 주는 것, '酌'은 술을 받는 것을 말한다. 술자리

에서 음모나 비리가 싹트는 까닭에 '딴 짓' 등 좋지 않은 의미로 쓰인다.

• 의상

衣裳(옷 의, 치마 상)

'衣'는 겉에 입는 저고리, '裳'은 치마를 뜻했으나 의미가 확장되어 의복 또는 옷 전체를 가리킨다. 남자의 바지와 저고리는 '고의 (袴衣바지 고, 옷 의)'라고 한다.

• 질곡

桎梏(차꼬 질, 수갑 곡)

'桎'은 죄수의 발에 채우는 차꼬를, '梏'은 죄인의 손에 채우는 수갑을 말하는 것으로 자유롭지 않도록 속박하는 것을 뜻한다.

• 호흡

呼吸(부를 호, 마실 흡)

'呼'는 날 숨, '吸'은 들숨을 말한다. 따라서 호흡은 숨 자체를 뜻하나 의미가 확장되어 '함께 일하는 사람들과의 조화'를 뜻하는 말로 많이 쓰인다.

음과 뜻으로 보는 우리말 한자

앞에 소개한 한자어는 대부분 본래 한자어의 음을 그대로 쓰거나 또는 '괴팍'처럼 음을 살짝 바꾼 것이다. 이와 달리 한자어의 음을 줄이기도 하고, '흥청망청'처럼 한글과 결합하기도 하고, '골탕먹다'의 '골탕'처럼 같은 뜻의 한자어 '수탕(髓湯; 골수 수, 넘칠 탕)'의 뜻을 빌리기도 하며 우리말 속에 녹아 들어온 것들도 많다.

그렇기 때문에 한글과 결합하여 자연스럽게 녹아 있는 한자를 제대로 알면 우리말 실력뿐만 아니라 그간 어렵다고 느끼던 한자 실력까지 향상시킬 수 있다.

음이 그대로 한글과 결합된 한자

단음절

• '선보다'의 '선'은?

先(먼저 선)

옛날에는 신랑과 신부가 만나기 전에 양가 부모들이 신랑신부의

인물됨을 먼저 살펴보는 것이 관례였다.

• '딴전 부리다'의 '전'은?

廛(가게 전)

자기 장사는 하지 않고 남의 가게나 봐주다. 즉, 엉뚱한 짓을 하

는 것을 이르는 말.

• '진이 빠지다'의 '진'은?

津(나루 진)

진액(津液) 즉, 침과 땀을 말한다. '실망을 하거나 싫증이 나서 더

이상의 의욕을 상실하다.' 또는 '힘을 다 써서 기진맥진해지다.'라

는 뜻.

• '한참'의 '참'은?

站(역마을 참)

시간이 상당히 지나는 동안, 두 역참(驛站) 사이의 거리.

• '맹탕'의 '탕'은?

湯(끓일 탕)

맹물처럼 아주 싱거운 국 또는 옹골차지 못하고 싱거운 일이나
사람을 비유해 이르는 말.

• '학을 떼다'의 '학'은?

瘧(학질 학)

거북하거나 어려운 일로 진땀을 빼다.

2음절

• '무동 태우다'의 '무동'은?

舞童(춤출 무, 아이 동)

• '산통이 깨지다'의 '산통'은?

算筒(셀 산, 대롱 통)

장님이 점을 칠 때 쓰는 산가지를 넣는 손가락만 한 조그만 통으
로, '다 잘되어 가던 일이 뒤틀리다.'라는 뜻.

- '억장이 무너지다'의 '억장'은?

  億丈(억 억, 어른 장)

  '슬픔이나 절망 따위로 몹시 가슴이 아프고 괴롭다.'라는 뜻으로

  '억장지성(億丈之城)'의 준말.

- '지천이다'의 '지천'은?

  至賤(이를 지, 천할 천)

  '매우 흔하다'라는 뜻.

- '한심하다'의 '한심'은?

  寒心(찰 한, 마음 심)

  '정도에 너무 지나치거나 모자라서 딱하거나 기막히다.'라는 뜻.

- '행세깨나 한다'의 '행세'는?

  行勢(갈 행, 기세 세)

  '세도를 부린다'라는 뜻.

우리말로 탈바꿈한 한자

ㄱ 가령(假令) 금방(今方) 급기야(及其也)

ㄷ 댁내(宅內) 도대체(都大體)

ㅁ 만약(萬若) 물론(勿論)

ㅂ 병신(病身) 부득이(不得已)

ㅅ 시방(時方) 심지어(甚至於)

ㅇ 어차피(於此彼) 역시(亦是) 염병(染病) 욕(辱)

ㅈ 자반(佐飯) 작정(作定) 점점(漸漸) 좌우간(左右間)

ㅊ 차차(次次)

ㅍ 피차(彼此)

ㅎ 하여간(何如間) 하필(何必) 혹시(或是) 환장(換腸)

음이 약간 바뀌어 한글과 결합된 한자

단음절

• '괴롭다'에서 '괴'는?

　苦(쓸 고)

• '맛탕'의 '탕'은?

　糖(설탕 당)

　고기, 생선, 채소 따위에 물을 많이 붓고 간을 맞추어 끓인 음식.

• '촛농'의 '초'는?

　燭(촛불 촉)

　초가 탈 때에 녹아서 흐르는 기름.

• '녹비에 가로 왈'의 '비'는?

皮 (가죽 피)

사슴 가죽(鹿皮)에 '曰'을 쓴 후 가죽을 당기면 '날 일(日)'도 되고 '가로 왈(曰)'도 된다는 뜻. 즉, 사람이 일정한 주견이 없이 남의 말을 쫓아 이랬다저랬다 함을 비유적으로 이르는 말.

2음절

• '가게'의 어원은?

假家 (거짓 가, 집 가)

조선시대에 길가나 장터 같은 곳에서 물건을 팔기 위해 임시로 허름하게 지은 집으로 '가게'가 됨.

• '곳간'의 어원은?

庫間 (곳집 고, 사이 간)

물건을 간직하여 두는 곳을 말한다. '庫'는 옛날에 중국의 창 씨와 고 씨가 세습적으로 곳집을 맡아본 데서 생겨난 창고(倉庫)에서 연유한 글자.

• '과녁'의 어원은?

貫革 (뚫을 관, 가죽 혁)

활터에서 화살의 목표로 삼는 물건으로 예전에는 가죽 따위로 만들었다.

• '나발'의 어원은?

喇叭 (나팔 나, 입 벌릴 팔)

지껄이거나 떠들어 대는 입을 속되게 이르는 말.

• '동냥'의 어원은?

動鈴 (움직일 동, 방울 령)

옛날 스님이 집집마다 곡식을 얻으러 다니며 방울을 흔들던 데서
생긴 말.

• '맹세'의 어원은?

盟誓 (맹세할 맹, 맹세할 서)

신불(神佛) 앞에서 약속하거나 장래를 두고 다짐하여 약속하는 것.

• '방귀'의 어원은?

放氣 (놓을 방, 기운 기)

• '성냥'의 어원은?

石硫黃 (돌 석, 유황 류, 누를 황)

- '썰매'의 어원은?

  雪馬(눈 설, 말 마)

- '숭늉'의 어원은?

  熟冷(익을 숙, 찰 랭)

- '십상'의 어원은?

  十成(열 십, 이룰 성)

  썩 잘된 일이나 물건.

- '억척'의 어원은?

  齷齪(악착할 악, 악착할 착)

  일을 해 나가는 태도가 어떤 어려움에도 굴하지 않고 몹시 모질
  고 끈덕짐.

- '영계'의 어원은?

  軟鷄(연할 연, 닭 계)

  병아리보다 조금 큰 부드럽고 연한 닭이란 뜻으로 발음상 편의에
  따라 '영계'로 바뀜. 요즘에는 나이 어린 남녀를 가리키는 비속어
  로 쓰기도 함.

• '작두'의 어원은?

斫刀 (벨 작, 칼 도)

마소의 먹이를 써는 연장.

• '장옷'의 어원은?

長衣 (길 장, 옷 의)

예전에 여자들이 나들이할 때에 얼굴을 가리느라고 머리에서부터 길게 내려쓰던 옷.

• '절편'의 어원은?

切餠 (끊을 절, 떡 병)

떡살로 눌러 모나거나 둥글게 만든 떡.

• '주책'의 어원은?

主着 (주인 주, 붙을 착)

무엇에 마음을 붙이다.

• '주춧돌'의 '주추'는?

柱礎 (기둥 주, 주춧돌 초)

기둥 밑에 기초로 받쳐 놓은 돌.

• '짬밥'의 어원은?

殘飯 (남을 잔, 밥 반)

군대에서 먹는 밥 또는 은어로 '연륜'을 이르는 말.

'먹고 남은 밥' '음식 찌꺼기'로 순화.

• '천둥'의 어원은?

天動 (하늘 천, 움직일 동)

뇌성과 번개를 동반하는 대기 중의 방전 현상.

• '추렴'의 어원은?

出斂 (날 출, 거둘 렴)

여러 사람이 모임이나 잔치 따위의 비용을 각각 돈을 내어 거두
는 것.

• '난장'의 어원은?

亂場 (어지러울 란, 마당 장)

선비들이 질서 없이 들끓어 뒤죽박죽이 된 과거마당

• '술래'의 어원은?

巡邏 (돌 순, 순라 라)

조선시대에 도둑이나 화재 등을 막기 위해 밤에 궁과 서울 둘레

를 순시하던 군인.

• '사또'의 어원은?

使道(부릴 사, 길 도)

일반 백성이나 하급 관리가 고을의 원(員)을, 부하 장졸(將卒)이

주장(主將)을 존대하여 부르던 말.

• '퇴짜'의 어원은?

退字(물러날 퇴, 글자 자)

상납하는 포목(布木)의 품질이 낮아 '퇴(退)' 도장을 찍어 도로

물리치던 일 또는 그 물건.

3음절

• '벽창호'의 어원은?

碧昌牛(푸를 벽, 창성할 창, 소 우)

평안북도 벽동(碧潼)과 창성(昌城) 지방의 크고 억센 소. 고집이

세고 무뚝뚝한 사람.

• '서낭당'의 어원은?

城隍堂(성 성, 해자 황, 집 당)

마을을 지키는 혼령을 모신 집.

- '화수분'의 어원은?

  河水盆 (강 이름 하, 물 수, 동이 분)

  재물이 자꾸 생겨서 아무리 써도 줄지 않는 것을 이르는 말로, 중국 진시황 때 있었다는 '하수분'에서 유래.

4음절 단어

- '길라잡이'의 어원은?

  길(羅將)이 (벌일 나, 장수 장)

  조선시대 군아(郡衙)의 사령(使令). 병조에 속한 하급직원.

- '어영부영'의 어원은?

  御營非營 (거느릴 어, 경영할 영, 아닐 비, 경영할 영)

  조선시대 삼군문의 하나로 기강이 엄격했던 정예부대 어영청을 말함. 그러나 조선 말기에는 어영청의 군기가 해이해져 오합지졸에 불과하자 '어영청은 군대도 아니다.'라는 '어영비영'으로 쓴 것이 '어영부영'으로 바뀜.

- '호락호락'의 '호락'은?

  忽弱忽弱 (소홀이할 홀, 약할 약)

  일이나 사람이 만만하여 다루기 쉬운 모양.

• '후레자식'의 '후레'는?

胡奴(되 호, 종 노)

막되게 자라 교양이나 버릇이 없는 사람을 이르는 말로, 호노자
식(胡奴子息) → 호래자식 → 후레자식이 되었다.

• '흐지부지'의 '흐지' '부지'는?

諱之祕之(꺼릴 휘, 갈 지, 숨길 비, 갈 지)

확실하게 하지 못하고 흐리멍덩하게 넘어가거나 넘기는 모양. 남
을 꺼리어 우물쭈물 얼버무려 넘기는 것을 이르는 말.

음을 줄이거나 늘인 한자

• '챙'의 어원은?

遮陽(가릴 차, 볕 양)

모자 끝에 대서 햇볕을 가리는 부분.

• '멱을 감다'의 '멱'은?

沐浴(머리 감을 목, 목욕할 욕)

'미역'의 준말.

• '긴가민가'의 '긴가' '민가'는?

其然가未然가(그 기, 그러할 연, 아닐 미, 그러할 연)

그런지 그렇지 않은지 분명하지 않은 모양.

• '묘지기, 문지기, 청지기'의 '지기'는?

直(곧을 직)

묘직(墓直) → 묘지기, 문직(門直) → 문지기, 청직(廳直)

→ 청지기

형제의 서열, 백중숙계

중국에서는 형제를 '백중(伯仲)', 삼 형제를 '맹중계(孟仲季)', 사 형제를 '백중숙계(伯仲叔季)' 또는 '맹중숙계(孟仲叔季)'라고 한다. '백중숙계'는 일반적으로 형제의 서열을 나타내고, '맹중숙계'는 더 넓은 의미로 쓰여 형제와 자매(姉妹)의 서열에 모두 쓰인다.

'伯(맏 백)'은 '人'과 '白'을 합한 글자다. 사람이 흰 것은 나이가 많다는 뜻이므로 '伯'은 '첫째'를 뜻하고, '仲(버금 중)'은 '둘째', '叔(숙)'은 '셋째', 그리고 '季(계)'는 '막내'를 가리킨다.

남자는 20세가 되면 자(字)를 받는데, 백중숙계의 서열로 자를 삼는 경우가 많았다. 그래서 자만 보고도 집안의 서열을 쉽게 알 수 있었다. 수양산에서 고사리를 캐먹으며 살다 죽은 사람으로 중국 고사에 나오는 백이(伯夷)와 숙제(叔薺)가 '伯'과 '叔'를 쓴 것으로 보아 각각 집안에서 '첫째'와 '셋째'임을 알 수

있고, 공자(孔子)의 자가 중니(仲尼)인 것으로 그가 둘째였음을 쉽게 짐작할 수 있다.

백중숙계의 서열로 자를 삼는 것은 우리나라도 마찬가지여서, 조선 중기의 시인 송강(松江) 정철(鄭澈)의 자는 그가 넷째 아들이었기 때문에 '계함(季涵)'이었다.

세월이 흐르면서 이런 서열 구분에 따라 자를 정하는 것을 번거로운 것으로 여겨 자신의 아버지를 기준으로 큰아버지는 백부(伯父), 작은아버지는 숙부(叔父)라고 부르게 되었다.

성년이 된 남의 아우에 대해 계씨(季氏)라는 존칭어를 쓰는 반면 아우의 아내를 흔히 제수(弟嫂)라고 하는데, 이는 잘못 쓰는 말이며 계수(季嫂)가 맞는 말이다.

정성인가 부담인가, 촌지

'자'가 귀했던 옛날에는 '한 뼘' '한 길' '한 발' 등 신체 부위로 길이를 재곤 했다. 진맥(診脈)하는 곳인 '寸(촌)'이 손목 아래 손가락 한 마디쯤 되는 곳에 있기 때문에 '촌'은 '마디'를 뜻하게 되었고, '마디'는 2~3Cm 밖에 안 되었으므로 '짧다'라는 뜻도 갖게 되었다. 즉, 촌각(寸刻)이나 촌철살인(寸鐵殺人)은 모두 '짧다'는 의미가 있다.

'志(뜻 지)'는 '士(선비 사)'와 '心(마음 심)'의 결합인 것처럼 보여 '선비의 마음'이라고 생각하기 쉽다. 그러나 여기서 '士'는

'止(발 지)'의 변형으로 '걸어가다'라는 뜻으로 쓰이며, '마음이 가는 것'을 의미한다. 의지(意志), 지망(志望) 등에 쓰인다.

따라서 촌지(寸志)는 '극히 작은 뜻' 또는 '극히 작은 정성'이라고 할 수 있다. 요즈음 공무원 사회나 학교에서 오가는 촌지가 정성은 차치하고 주는 쪽에서 부담을 느낄 정도로 도가 지나쳐 인구(人口)에 회자(膾炙)되고 있는 실정이다.

한글과 결합한 우리말 한자

　우리나라에서 만들어지고 우리나라에서만 쓰이는 한자인 국자(國字)를 살펴보자. 국자란 그 나라의 말을 적는 데 쓰는 글자로 우리나라의 경우 한글을 말한다. 그러나 우리나라에는 한자의 3요소 즉, 모습(形), 소리(音), 뜻(義)을 갖추어 만든 한자들이 있다.

畓(논 답)　 : 田畓(전답), 天水畓(천수답)

垈(집터 대) : 垈地(대지)

媤(시집 시) : 媤宅(시댁)

㖨(가야 야) : 伽㖨(가야)

欌(장롱 장) : 欌籠(장롱), 陳列欌(진열장)

중국인들은 논을 '도전(稻田; 쌀 도, 밭 전)'으로 표기하지만 우리 조상은 독창성을 발휘해 '밭(田) 위에 물(水)이 있는 논(畓)'이란 글자를 만들어 사용했다.

• 옹고집
甕固執(막을 옹, 굳을 고, 잡을 집)
인색하고 고집 세며 욕심 많은 부자였으나 후에 잘못을 뉘우치고 착한 사람이 된, 한글소설 '옹고집전'의 주인공 이름. '억지가 아주 심한 고집'을 이르는 말로 쓰임.

• 두문불출
杜門不出(막을 두, 문 문, 아닐 불, 날 출)
'문을 닫고 나가지 않는다.'라는 뜻. 자신의 이상 등에 맞지 않아 집에만 틀어박혀 있으며 사회의 어떤 일이나 관직에 나가지 않음을 이르는 말.

• 이전투구
泥田鬪狗(진흙 니, 밭 전, 싸울 투, 개 구)
진흙밭에서 싸우는 개의 모습. 즉, 자기의 이익을 위해 비열하게 다투는 것을 이르는 말.

• 이판사판

理判事判(다스릴 리, 판단할 판, 일 사, 판단할 판)

조선시대 불교 승려의 두 부류인 이판승(理判僧)과 사판승(事判僧)을 합쳐 부르던 말로 숭유억불 정책에 의해 천민으로 전락한 승려가 되는 것이 인생의 막다른 선택으로 여겼기 때문에 '막다른 데 이르러 어찌할 수 없게 된 지경'을 뜻하는 말로 쓰임.

• 자린고비

玼吝考妣(흠 자, 아낄 린, 생각할 고, 죽은 어머니 비)

고비(考妣)는 제사 지낼 때 지방(紙榜)에 쓰는 단어로, 돌아가신 부모를 뜻한다. 즉, 자린고비는 절약하기 위하여 지방을 기름에 절여 두고두고 쓰는 사람을 지칭하는 말이다. 지금은 '돈이 있음에도 불구하고 꼭 써야 할 때도 쓰지 않는 인색한 사람'을 가리키는 말로 쓰이고 있음.

• 한강투석

漢江投石(한수 한, 강 강, 던질 투, 돌 석)

'한강에 돌 던지기' 즉, '아무리 애를 써도 보람이 없고 쓸모없는 일'을 이르는 말.

- 함흥차사

  咸興差使(다 함, 일 흥, 다를 차, 하여금 사)

  보낸 심부름꾼에게서 소식이 없거나 회답이 더딘 것 또는 한번

  간 사람이 돌아오지 않거나 소식이 없음을 말함.

한편, 우리말의 'ㄹ'받침을 나타내기 위해 '乙(새 을)'을 한자
에 붙여 만든 음역자(音譯字)도 국자에 속한다.

乫(갈), 乬(걸), 乭(굴), 乧(놀), 乶(뿔), 乷(살), 乺(솔), 乽(잘),

乿(줄), 㐘(톨), 乧(합), 乭(돌)

임꺽정(林㵂正)을 표기할 때 '巨(클 거)' 밑에 'ㄱ'을 길게 늘
여 붙인 '㵂'은 특이한 국자다.

한글+한자

ㄱ

- 가시方席(방석)

  '바늘방석'과 마찬가지로 앉아 있기 몹시 불편한 자리를 비유해 이르는 말.

- 간水(수)

  두부를 만들 때 쓰는, 습기가 찬 소금에서 저절로 녹아 흐르는 짜고 쓴 물.

- 간醬(장)

  음식의 간을 맞추는 데 쓰는, 짠맛이 나는 흑갈색 액체.

- 감감무소식(감감無消息)

  소식이나 연락이 전혀 없는 상태.

- 갓煖爐(난로)

  야외에서 사람이 많을 때 사용하는 갓 모양의 난로.

- 강膾(회)

  미나리나 파 따위를 데쳐 엄지손가락 정도의 굵기와 길이로 돌돌 감아 초고추장에 찍어 먹는 음식.

- 강酒酊(주정)

  술에 취한 체하고 하는 주정.

- 개川(천)

  개골창 물이 흘러 나가도록 길게 판 내.

- 개牌(패)

  화투 따위에서 좋지 않은 패를 속되게 이르는 말.

- 개喇叭(나발)

  사리에 맞지 아니하는 헛소리나 쓸데없는 소리를 낮잡아 이르
  는 말.

- 개亡身(망신)

  명예나 위신을 아주 크게 망침 또는 그런 큰 망신.

- 개酬酌(수작)

  이치에 맞지 않는 엉뚱하고 쓸데없는 말이나 행동을 낮잡아 이르
  는 말.

- 걸床(상)

  걸터앉는 기구.

- 겉張(장)

  여러 장으로 겹쳐 있는 종이 가운데서 맨 겉에 있는 종이 또는 책의
  표지.

- 겉治粧(치장)

  겉으로 보기 좋게 꾸미는 것 또는 그런 꾸밈새.

- 겹慶事(경사)

  둘 이상 겹친 기쁜 일.

- **겹査頓(사돈)**

  이미 사돈 관계에 있는 사람끼리 또 사돈 관계를 맺은 사이 또는 그런 사람.

- **곁房(방)**

  안방 또는 주(主)가 되는 방에 곁붙은 방.

- **곁査頓(사돈)**

  직접 사돈 간이 아니고 같은 항렬의 방계 간 사돈.

- **고무風船(풍선)**

  얇은 고무주머니 속에 공기나 수소 가스를 넣어 공중으로 뜨게 만든 물건.

- **골房(방)**

  큰방의 뒤쪽에 딸린 작은방.

- **골病(병)**

  겉으로 드러나지 아니하고 속으로 깊이 든 병.

- **골草(초)**

  담배를 많이 피우는 사람을 놀림조로 이르는 말.

- **골百番(백번)**

  '여러 번'을 강조하거나 속되게 이르는 말.

- **골板紙(판지)**

  판지의 한쪽 또는 두 장의 판지 사이에 물결 모양으로 골이 진 종이를 붙인 판지.

- **곱相(상)**
  곱게 생긴 얼굴.

- **군食口(식구)**
  원래 식구 외에 덧붙어서 얻어먹는 식구.

- **군饅頭(만두)**
  기름에 지지거나 기름을 발라 불에 구운 만두.

- **귀動鈴(동냥)**
  지식 따위를 체계적으로 배우거나 학습하지 않고 남이 하는 말 따위를 얻어들어서 아는 것을 이르는 말.

- **글房(방)**
  예전에 한문을 사사로이 가르치던 곳.

- **기둥書房(서방)**
  기생이나 몸 파는 여자들의 영업을 돌보아 주면서 얻어먹고 지내는 사내.

- **길豪奢(호사)**
  벼슬아치가 새로 부임하거나 시집·장가 갈 때 호사스럽게 차리고 길을 가는 일.

- **깔板(판)**
  바닥에 까는 판.

- **깡筒(통)**
  양철을 써서 둥근기둥 꼴로 만든 통. 아는 것이 없는 사람을 속되게 이르는 말.

- **깡牌(패)**
폭력을 쓰면서 행패를 부리고 못된 짓을 일삼는 무리를 속되게 이르는 말.

- **꼬리票(표)**
화물을 부칠 때 보내는 사람과 받을 사람의 주소·이름 따위를 적어 그 물건에 달아매는 표 또는 어떤 사람에게 늘 따라다니는 떳떳하지 않은 평판이나 좋지 않은 평가를 이르는 말.

- **꼭두食前(식전)**
꼭두새벽.

- **꼴不見(불견)**
하는 짓이나 겉모습이 차마 볼 수 없을 정도로 우습고 거슬림.

- **꽁生員(생원)**
마음이 너그럽지 못하고 소견이 좁은 사람을 놀림조로 이르는 말.

- **꽃丹粧(단장)**
꽃이나 여러 가지 아름다운 채색으로 꾸미는 단장.

- **꽃美男(미남)**
꽃처럼 예쁜 남자를 일컫는 말.

- **꽃놀이霸(패)**
바둑에서 한편은 큰 손실을 보나 상대편은 별 상관이 없는 패.

• 꾀病(병)

거짓으로 병을 앓는 체하는 짓.

• 끈氣(기)

물건의 끈끈한 기운 또는 쉽게 단념하지 아니하고 끈질기게 견디어 나가는 기운.

• 끌映窓(영창)

한 짝을 열면 다른 한 짝도 함께 열리는 미닫이창.

• 끗數(수)

끗의 수.

• 끝錢(전)

물건 값 따위에서 나머지 얼마를 마저 치르는 돈.

• 끝團束(단속)

일의 끝을 다잡음.

ㄴ

• 난場(장)

정해진 장날 외에 특별히 며칠간 더 여는 장 또는 한데에 난전을 벌여 놓고 서는 장.

• 날強盜(강도)

아주 악독한 강도.

- 날喪家(상가)

  아직 초상을 다 치르지 아니한 초상집.

- 낱個(개)

  여럿 가운데 따로따로인 한 개 한 개.

- 낱張(장)

  종이 따위가 따로따로인 한 장 한 장.

- 내色(색)

  마음속에 느낀 것을 얼굴에 드러냄 또는 그 낯빛.

- 널方席(방석)

  곡식 따위를 너는 데 쓰는, 짚으로 결은 큰 방석.

- 널平床(평상)

  널빤지로 만든 평상.

- 노常(상)

  언제나 변함없이 한 모양으로 줄곧.

- 눈圖章(도장)

  눈으로 찍는 도장이라는 뜻으로, 눈짓으로 허락을 얻어내거나
  상대편의 눈에 띄는 일을 이르는 말.

- 눈療飢(요기)

  눈으로 보기만 하면서 어느 정도 만족을 느끼는 일.

- 눈沙汰(사태)

  많이 쌓였던 눈이 갑자기 무너지거나 빠른 속도로 미끄러져 내리는 현상.

- 늦滯(체)

  그리 급하지 아니하게 체함 또는 그런 증세.

ㄷ

- 달曆(력)

  1년에 걸친 날짜를 순서대로 표시해 놓은 책.

- 달水(수)

  성숙한 여성의 자궁에서 주기적으로 출혈하는 생리 현상 즉, 월경(月經)을 이르는 말.

- 담牆(장)

  집의 둘레나 일정한 공간을 둘러막기 위하여 흙, 돌, 벽돌 따위로 쌓아 올린 것.

- 덧門(문)

  문짝 바깥쪽에 덧다는 문.

- 덧洋襪(양말)

  양말을 신은 그 위에 겹쳐 신는 목이 짧은 양말.

- 돈毒(독)

  돈을 지나치게 밝히는 경향을 비유해 이르는 말.

- **돈方席(방석)**

  매우 많은 돈을 가지고 있음을 이르는 말.

- **돈重(중)**

  한 돈 가량 되는 무게.

- **돌床(상)**

  돌날에 돌잡이할 때 차려 놓는 상.

- **돌心臟(심장)**

  어떤 자극에도 감정이 움직이지 아니하거나 자기의 감정을 밖으로 드러내지 않는 사람.

- **돌림病(병)**

  어떤 지역에 널리 퍼져 여러 사람이 잇따라 돌아가며 옮아 앓는 병.

- **돌림字(자)**

  항렬을 나타내기 위해 이름자 속에 넣어 쓰는 글자.

- **돌림片紙(편지)**

  돌려가며 볼 수 있도록 여러 사람에게 온 편지.

- **된醬(장)**

  메주로 간장을 담근 뒤에 장물을 떠내고 남은 건더기.

- **된書房(서방)**

  몹시 까다롭고 가혹한 남편.

- **두겁조상(祖上)**

  조상 가운데 가장 이름을 떨친 사람 또는 중시조(中始祖)를 속되게 이르는 말.

- **뒤頃(탈)**

  어떤 일의 뒤에 생기는 탈.

- **뒤態(태)**

  뒤쪽에서 본 몸매나 모양.

- **뒷間(간)**

  변소를 완곡하게 이르는 말.

- **뒷堪當(감당)**

  일의 뒤끝을 맡아서 처리함.

- **뒷談話(담화)**

  뒤에서 하는 헐뜯거나 좋지 않은 말.

- **뒷背景(배경)**

  드러나지 아니한 채 뒤에서 돌보아 주는 힘. 뒷배.

- **뒷調査(조사)**

  드러나지 않게 은밀히 살피고 알아보는 것 또는 그런 일.

- **들桶(통)**

  큰 들손이 달린 그릇.

- 들技術(기술)

  씨름에서 상대편을 끌어당겨 위로 들어 올린 뒤 넘어뜨리는 기술.

- 들菊花(국화)

  국화과의 여러해살이풀.

- 등瘡(창)

  등에 나는 큰 부스럼.

- 딱紙(지)

  그림이나 글을 써넣어 어떤 표로 쓰는 종잇조각 또는 아이들이 가지고 노는 놀이딱지.

- 딱銃(총)

  화약을 종이에 싸서 세게 치면 터지도록 만든 장난감 총.

- 딴腰帶(요대)

  실로 땋아서 만든 허리띠.

- 딸富者(부자)

  딸이 많은 사람을 놀림조로 이르는 말.

- 땀數(수)

  바늘로 뜬 눈의 수.

- 땀服(복)

  일부러 땀을 내기 위하여 입는 옷.

- **땅窟(굴)**

  땅속으로 뚫린 굴 또는 땅을 파서 굴과 같이 만든 큰 구덩이.

- **땅固執(고집)**

  융통성이 없는 지나친 고집.

- **땡錢(전)**

  아주 적은 돈을 이르는 말.

- **땡處理(처리)**

  재고품을 급히 판매하는 것 또는 그런 일.

- **떼寡婦(과부)**

  전쟁이나 재난으로 한 집안이나 한 마을에서 한꺼번에 생긴 과부들.

- **떼逃亡(도망)**

  한 집안이나 집단이 모두 달아남.

- **뗏木(목)**

  통나무를 떼로 가지런히 엮어서 물에 띄워 사람이나 물건을 운반할 수 있도록 만든 것.

- **똥車(차)**

  헌 차나 고물차. 결혼할 적절한 시기를 놓친 사람을 속되게 이르는 말.

- **똥漆(칠)**

  체면이나 명예를 더럽히는 일을 비유해 이르는 말.

- 똥鍼(침)

  양손의 두 번째 손가락은 앞으로 모으고 나머지 손가락은 깍지를 끼워 상대편의 항문을 찌르는 행위를 속되게 이르는 말.

- 똥桶(통)

  똥오줌을 담거나 담아 나르는 통.

- 똥固執(고집)

  옹고집을 속되게 이르는 말.

- 뜬所聞(소문)

  이 사람 저 사람 입에 오르내리며 근거 없이 떠도는 소문.

- 뜰層階(층계)

  뜰에서 마루로 올라가도록 만든 층계.

- 띠紙(지)

  지폐나 서류 따위의 가운데를 둘러 감아 매는 가늘고 긴 종이.

- 띠同甲(동갑)

  띠가 같은 사람. 주로 12살 차이가 나는 경우를 말함.

□

- 막醬(장)

  허드레로 먹기 위하여 간단하게 담근 된장.

- 막圖章(도장)

  잡다한 일에 두루 쓰는 도장.

- **막燒酒(소주)**

  품질이 낮은 소주.

- **막車(차)**

  그날 마지막으로 오거나 가는 차.

- **맏喪制(상제)**

  부모나 조부모가 죽어서 상중에 있는 맏아들.

- **맏子息(자식)**

  둘 이상의 자식 가운데 맏이가 되는 자식을 낮잡아 이르는 말.

- **말句(귀)**

  말이 뜻하는 내용 또는 남이 하는 말의 뜻을 알아듣는 총기.

- **말門(문)**

  말을 할 때에 여는 입.

- **말數(수)**

  사람이 입으로 하는 말의 수효.

- **말套(투)**

  말을 하는 버릇이나 본새.

- **말對答(대답)**

  손윗사람의 말에 반대한다는 뜻의 이유를 붙여 말하는 것 또는 그런 대답.

- **말才幹(재간)**

  말재주.

- **말參見(참견)**

  다른 사람이 말하는 데 끼어들어 말하는 것을 이르는 말; '말참
  례(參禮)'와 같은 뜻.

- **말風船(풍선)**

  만화에서 주고받는 대사를 써넣은 풍선 모양의 그림.

- **말紙(지)**

  궐련이 귀했을 때 담배를 마는 데 쓰던 종이.

- **맞手(수)**

  힘, 재주, 기량 따위가 서로 비슷하여 우열을 가리기 어려운 상대.

- **맞告訴(고소)**

  소송이 진행되고 있는 도중에 피고가 원고를 상대로 제기하는
  소송.

- **맞對決(대결)**

  서로 맞서서 대결함.

- **맞對面(대면)**

  서로 얼굴을 마주 보고 만남.

- **매一般(일반)**

  매한가지 즉, 결국 서로 같음을 이르는 말.

- **매打作(타작)**

  매우 심한 매질.

- **매派(파)**

  자신들의 이념이나 주장을 관철하기 위하여 상대편과 타협하지 아니하고 사태(事態)에 강경하게 대처하려는 입장에 선 사람들.

- **맹湯(탕)**

  맹물처럼 아주 싱거운 국 또는 옹골차지 못하고 싱거운 일이나 사람을 비유해 이르는 말.

- **머리記事(기사)**

  신문·잡지 등에서 첫머리에 싣는 중요한 기사.

- **머릿手巾(수건)**

  여자가 추위를 막기 위해 또는 위생을 목적으로 머리에 쓰는 수건.

- **먹性(성)**

  음식의 종류에 따라 좋아하거나 싫어하는 성미.

- **먹漆(칠)**

  먹으로 칠하는 일 또는 명예. 체면 따위를 더럽히는 짓을 비유적으로 이르는 말.

- **먹桶(통)**

  목공이나 석공이 먹줄을 치는 데 쓰는 나무로 만든 그릇. 멍청이 따위를 속되게 이르는 말

- 메湯(탕)

  고기, 생선, 채소 따위에 물을 많이 붓고 간을 맞추어 끓인 국의 높임말.

- 멱不知(부지)

  장기를 둘 때 멱도 모를 정도로 수가 약한 사람. 사리에 익숙하지 못한 사람.

- 모기帳(장)

  모기를 막으려고 치는 장막.

- 몰票(표)

  한 출마자에게 무더기로 쏠리는 표.

- 몸體(체)

  물체의 몸이 되는 부분.

- 몸補身(보신)

  보약 따위를 먹어 몸의 영양을 보충함.

- 몸調理(조리)

  허약해진 몸의 기력을 회복하도록 보살피는 일.

- 몸操心(조심)

  말이나 행동을 삼감.

- 몸治粧(치장)

  몸을 보기 좋고 맵시 있게 하려고 하는 치장. 몸丹粧(단장)과 같은 말.

- 물沙鉢(사발)

  얻어맞거나 하여 얼굴 따위가 형편없이 깨지고 뭉개진 상태를 속되게 이르는 말.

- 물氣(기)

  축축한 물의 기운.

- 물銃(총)

  물을 쏘아 보내는 장난감 총.

- 물拷問(고문)

  자백을 받기 위하여 죄인의 입과 코 안에 물을 부어 육체적 고통을 느끼게 하는 고문.

- 물鬼神(귀신)

  자기가 궁지에 빠졌을 때 다른 사람까지 끌고 들어가는 사람을 비유해 이르는 말.

- 물亂離(난리)

  큰물이나 그 밖의 원인으로 많은 물이 넘치거나 반대로 가뭄 따위로 물이 모자라거나 없어서 일어난 혼란.

- 물洗禮(세례)

  물을 머리에 뿌리는 세례의식.

- 물神仙(신선)

  좋은 말을 듣고도 기뻐할 줄 모르며 언짢은 말을 들어도 성낼 줄 모르는 사람.

- **물眼鏡(안경)**

  눈에 물이 들어가지 않도록 눈을 뜨고 물속을 관찰할 수 있도록
  만든 안경.

- **물寢臺(침대)**

  자리에 물을 넣어 깔아 놓은 침대.

- **물休紙(휴지)**

  손, 얼굴 또는 아기의 엉덩이를 간편히 닦는 데 많이 쓰이는 물기
  가 있는 축축한 휴지.

- **밑飯饌(반찬)**

  만들어서 오래 두고 언제나 손쉽게 내어 먹을 수 있는 반찬.

ㅂ

- **바깥查頓(사돈)**

  딸의 시아버지나 며느리의 친정아버지를 양쪽 사돈집에서 서로
  이르거나 부르는 말.

- **바깥兩班(양반)**

  집안의 남자 주인을 높이거나 스스럼없이 이르는 말 또는 아내
  가 남편을 이르는 말.

- **바늘方席(방석)**

  앉아 있기에 아주 불안스러운 자리를 비유해 이르는 말.

- 바람氣(기)

  바람이 부는 기운. 이성과 함부로 사귀거나 관계를 맺는 경향이
  나 태도.

- 바람壁(벽)

  방이나 칸살의 옆을 둘러막은 둘레의 벽.

- 밤團粢(단자)

  찹쌀가루로 만든 둥근 떡에 삶은 황밤 가루를 꿀에 버무려 묻
  힌 것.

- 밤舞臺(무대)

  밤업소에서 연예인이 공연하는 무대.

- 밥床(상)

  음식을 차리는 데 쓰는 상.

- 밥桶(통)

  밥을 담는 통. 밥만 축내고 제구실도 못하는 사람을 낮잡아 이르
  는 말.

- 밥周鉢(주발)

  위가 약간 벌어지고 뚜껑이 있는 놋쇠 밥그릇.

- 밭農事(농사)

  밭에서 짓는 농사.

- 배꼽時計(시계)

  배가 고픈 것으로 끼니때 따위를 짐작하는 것을 비유해 이르는 말.

- **벼락工夫(공부)**

  평소에는 하지 않고 있다가 시험 때가 닥쳐서야 갑자기 서둘러 하는
  공부.

- **벼락富者(부자)**

  갑자기 된 부자.

- **불圖章(도장)**

  쇠붙이로 만들어 불에 달구어 찍는 도장.

- **불洗禮(세례)**

  기독교에서 성령이 충만해 마음의 죄악과 부정이 불에 타 깨끗
  하고 성결해지는 것 또는 갑자기 심한 사격을 받거나 불을 뒤집
  어쓰는 일을 비유적으로 이르는 말.

- **불號令(호령)**

  몹시 심하게 하는 꾸지람.

- **불알親舊(친구)**

  남자 사이에서 어릴 때부터 같이 놀면서 가까이 지낸 벗을 이르
  는 말.

- **빈칸(間)**

  비어 있는 칸 또는 비어 있는 부분.

- **빗面(면)**

  비스듬히 기운 면.

- **빗邊(변)**

  비스듬히 기울어진 변.

- **빵點(점)**

  '영점(零點)'을 속되게 이르는 말.

- **빵帽子(모자)**

  챙이 없이 동글납작하게 생긴 모자.

- **삐딱線(선)**

  마음이나 생각, 행동 따위가 바르지 못하고 조금 비뚤어져 있는
  상태를 비유해 이르는 말.

ㅅ

- **사당牌(패)**

  돌아다니며 노래와 춤, 잡기 따위를 팔았던 유랑 극단의 하나인
  사당의 무리.

- **산敎育(교육)**

  실제 생활에서 직접 활용할 수 있는 교육.

- **산知識(지식)**

  실제 생활에서 직접 활용할 수 있는 지식.

- **살點(점)**

  큰 고깃덩어리에서 떼어 낸 살의 조각.

- 살平床(평상)

  바닥에 통나무를 대지 않고 좁은 나무오리나 대오리의 살을 일
  정한 간격으로 박아 만든 평상.

- 살림網(망)

  낚시질하여 잡은 물고기를 산 채로 넣어 두는 그물 모양의 망.

- 살림房(방)

  살림하는 방.

- 살얼음板(판)

  얇게 언 얼음판 또는 매우 위태롭고 아슬아슬한 상황을 비유해 이
  르는 말.

- 새書房(서방)

  신랑을 속되게 이르는 말.

- 새新郞(신랑)

  갓 결혼한 남자.

- 새欌(장)

  새를 넣어 기르는 장.

- 새站(참)

  일하다가 잠시 쉬는 동안 또는 그때 먹는 간단한 음식.

- 새中間(중간)

  사이를 강조하여 이르는 말.

- **샛江(강)**

  큰 강의 줄기에서 한 줄기가 갈려 나가 중간에 섬을 이루고 하류
  에 가서 본래의 큰 강에 합쳐지는 강.

- **샛書房(서방)**

  남편이 있는 여자가 남편 몰래 관계하는 남자.

- **석三年(삼년)**

  세 번 거듭되는 삼 년. 즉, 아홉 해라는 뜻으로 여러 해나 오랜 시
  일을 이르는 말.

- **선巫堂(무당)**

  서투르고 미숙하여 굿을 제대로 하지 못하는 무당.

- **셈法(법)**

  계산하는 방법.

- **소꿉親舊(친구)**

  어릴 때 소꿉놀이를 하며 같이 놀던 동무.

- **속病(병)**

  화가 나거나 속이 상하여 생긴 마음의 심한 아픔.

- **속紙(지)**

  편지 봉투 따위에 들어 있는 글 쓴 종이.

- **속宮合(궁합)**

  어떤 남녀의 성적 어울림을 이르는 말.

- 속表紙(표지)

  책의 겉표지 다음에 붙이는 얇은 종이로 된 표지.

- 손毒(독)

  가렵거나 헌 살에 손을 대거나 긁어서 생긴 독기.

- 손煖爐(난로)

  손을 따뜻하게 하기 위해 손바닥만 하게 만든 열을 내는 기구.

- 손圖章(도장)

  손가락에 인주 따위를 묻혀 그 지문을 찍은 것.

- 손才幹(재간)

  손으로 무엇을 잘 만들거나 다루는 재주.

- 손風琴(풍금)

  아코디언.

- 솜沙糖(사탕)

  솜 모양으로 만든 사탕.

- 솟을大門(대문)

  행랑채의 지붕보다 높이 솟게 지은 대문.

- 쇠固執(고집)

  몹시 센 고집 또는 그런 고집이 있는 사람.

- 수査頓(사돈)

  사위 쪽의 사돈.

- 수痔疾(치질)

  항문 밖으로 콩알이나 엄지손가락만 한 것이 두드러져 나오는
  치질.

- 숙덕公論(공론)

  여러 사람이 모여 저희끼리만 알아들을 수 있을 만큼 낮은 목소
  리로 의견을 나누는 것 또는 그런 의논.

- 순豆腐(두부)

  눌러서 굳히지 아니한 두부.

- 술都家(도가)

  술을 만들어 도매하는 집.

- 술酒酊(주정)

  술을 마시고 취하여 정신없이 하는 말이나 행동.

- 술打令(타령)

  다른 일은 다 제쳐 놓고 술만 찾거나 마시는 일.

- 숨筒(통)

  척추동물의 후두에서 허파에 이르는 숨 쉴 때 공기가 흐르는 관.

- 숫氣(기)

  활발하여 부끄러워하지 않는 기운.

- 숫總角(총각)

  여자와 성적 관계가 한 번도 없는 총각.

- **신欌(장)**

  신을 넣어 두는 장.

- **싫症(증)**

  싫은 생각이나 느낌 또는 그런 반응.

- **싸廛(전)**

  쌀과 그 밖의 곡식을 파는 가게.

- **쌀負袋(부대)**

  쌀을 담는 부대.

- **쌈醬(장)**

  쌈을 먹을 때 넣어 먹는 갖은 양념을 한 고추장이나 된장.

- **씨房(방)**

  그 속에 밑씨가 들어 있는 속씨식물의 암술대 밑에 붙은 통통한
  주머니 모양의 부분.

ㅇ

- **아낙郡守(군수)**

  늘 집 안에만 있는 사람을 놀림조로 이르는 말.

- **안房(방)**

  집 안채의 부엌에 딸린 방이나 안주인이 거처하는 방.

- **안査頓(사돈)**

  딸의 시어머니나 며느리의 친정어머니를 양편 사돈집에서 서로

이르거나 부르는 말.

- **안舍廊(사랑)**
  안채나 안쪽에 있는 사랑.

- **안食口(식구)**
  여자 식구 또는 자기 아내를 겸손하게 이르는 말.

- **안便紙(편지)**
  여자끼리 서로 주고받는 편지.

- **알穀(곡)**
  쭉정이나 잡것이 섞이지 아니한 낟알로 된 곡식 또는 깍지를 벗긴 콩이나 팥 따위를 이르는 말.

- **알乾達(건달)**
  알짜 건달.

- **알富者(부자)**
  겉보다는 실속이 있는 부자.

- **암粥(죽)**
  어린아이에게 젖 대신 먹이는 곡식이나 밤의 가루로 묽게 쑨 죽.

- **암螺絲(나사)**
  볼트에 끼워서 기계 부품 따위를 고정하는 데 쓰는 공구를 이르는 말.

- 암査頓(사돈)

  며느리 쪽의 사돈.

- 암痔疾(치질)

  항문 속에 생긴 치질.

- 애猪(저)

  어린 새끼 돼지 또는 고기로 먹을 어린 돼지.

- 애當初(당초)

  일의 맨 처음이라는 뜻으로, '애初(초)'를 강조하여 이르는 말.

- 애物(물)

  몹시 애를 태우거나 성가시게 구는 물건이나 사람.

- 애肝腸(간장)

  '초조한 마음속'을 강조하여 이르는 말.

- 어깨同甲(동갑)

  한 살 차이가 나는 동년배.

- 어깨番號(번호)

  단어나 문장 등의 오른쪽 위에 작게 매긴 번호.

- 어림斟酌(짐작)

  대강 헤아리는 짐작.

- 얼網(망)

  새끼나 노끈 따위로 양편의 가장자리 사이를 그물처럼 얽은 물건.

- 얼療飢(요기)

  넉넉하지 못한 요기 또는 대강 하는 요기.

- 엄指(지)

  가장 짧고 굵은 첫째 손가락이나 발가락.

- 엇拍子(박자)

  음이 제 박자에 오지 아니하고 어긋나게 오는 박자 또는 어떤 일을 하는 데 서로 호흡이나 마음이 맞지 아니함을 이르는 말.

- 엿糖(당)

  무색 고체로 물엿의 주성분.

- 엿都家(도가)

  엿을 만들어 도매로 팔던 집.

- 오두幕(막)

  사람이 겨우 들어가 살 정도로 작게 지은 막 또는 작고 초라한 집.

- 온音(음)

  장음계에서 '미·파' '시·도' 이외의 장2도 음정.

- 온終日(종일)

  아침부터 저녁까지의 동안.

- 옻漆(칠)

  가구나 나무 그릇 따위에 윤을 내기 위하여 옻을 바르는 일.

- **외骨髓(골수)**

  융통성 없이 어느 한 쪽으로만 치우치는 성질 또는 그런 사람.

- **외通手(통수)**

  장기에서 외통장군이 되게 두는 수.

- **울相(상)**

  울려고 하는 표정.

- **움幕(막)**

  땅을 파고 위에 거적 따위를 얹고 흙을 덮어 추위나 비바람만 가릴 정도로 임시로 지은 집.

- **윗代(대)**

  조상의 대.

- **이番(번)**

  곧 돌아오거나 이제 막 지나간 차례.

- **이름標(표)**

  성명을 적어서 가슴에 다는 표.

- **일福(복)**

  늘 할 일이 많은 복.

- **입團束(단속)**

  어떤 사실이나 정보가 밖으로 퍼져 나가지 못하도록 규제하는 것.

- 입所聞(소문)

  입에서 입으로 전하는 소문.

ㅈ

- 자릿貰(세)

  터나 자리를 빌려 쓰는 대가로 주는 돈이나 물품.

- 자릿朝飯(조반)

  아침에 잠에서 깨어나는 대로 그 자리에서 먹는 죽이나 미음 따위의 간단한 음식.

- 잔病(병)

  흔히 앓는 자질구레한 병.

- 잔情(정)

  자상하고 자잘한 정.

- 잔技術(기술)

  운동경기 따위에서의 자잘한 재간.

- 잠氣(기)

  잠이 오거나 아직 잠에서 깨어나지 못한 기운이나 기색.

- 장님都家(도가)

  여러 사람이 모여 떠들어 대는 곳을 이르는 말.

- 장님銃(총)

  목표를 똑바로 잡지 아니하고 함부로 쏘는 총.

- **젖瓶(병)**

  젖먹이에게 먹일 우유나 미음 따위를 담아 두는 젖꼭지가 달린 병.

- **젖疳疾(감질)**

  젖이 부족하여 생기는 어린아이의 병.

- **젖同生(동생)**

  자기의 유모(乳母)가 낳은 아들이나 딸.

- **제格(격)**

  그 지닌 바의 정도나 신분에 알맞은 격식.

- **제命(명)**

  타고난 자기의 목숨.

- **제各各(각각)**

  사람이나 물건이 모두 각각.

- **좀生員(생원)**

  도량이 좁고 성질이 좀스러우며 옹졸한 사람을 놀림조로 이르
  는 말.

- **좀藥(약)**

  좀이 생기는 것을 막기 위하여 쓰는 약.

- **죽相(상)**

  거의 죽을 것처럼 괴로워하는 표정.

- 줄行廊(행랑)

  도망(逃亡)을 속되게 이르는 말.

- 쥐藥(약)

  쥐를 죽이는 데에 쓰는 독약. 어떤 사람에게 결정적인 약점을 비유적으로 이르는 말.

- 쥐脯(포)

  말린 쥐치를 기계로 납작하게 눌러 만든 어포.

- 쥐捕手(포수)

  하찮은 것을 얻으려고 애쓰는 사람을 비유적으로 이르는 말.

- 지레斟酌(짐작)

  어떤 일이 일어나기 전 또는 어떤 기회나 때가 무르익기 전에 확실하지 않은 것을 성급하게 미리 하는 짐작.

- 진按酒(안주)

  물기가 있거나 물을 넣어 만든 안주.

- 진宕(탕)

  싫증이 날 만큼 아주 많이.

- 질火爐(화로)

  질흙으로 구워 만든 화로.

- 질桶(통)

  광석, 버력, 흙 따위를 지고 나를 때 쓰는 통.

- 짐票(표)

  보내는 짐의 내용을 적은 문서.

- 집食口(식구)

  남에 대하여 자기 아내를 겸손하게 이르는 말.

- 짝門(문)

  똑같은 문이 왼쪽과 오른쪽에 서로 맞달려 이루어진 문.

- 짝牌(패)

  짝을 이룬 패.

- 쪽門(문)

  대문짝의 가운데나 한편에 사람이 드나들도록 만든 작은 문.

- 쪽房(방)

  방을 여러 개의 작은 크기로 나누어서 한두 사람 들어갈 크기로 만들어 놓는 방.

- 쪽紙(지)

  작은 종잇조각.

- 쪽臺本(대본)

  드라마 따위에서 시간에 쫓긴 작가가 급하게 보낸, 바로 찍을 장면의 대본.

- 쫄麪(면)

  쫄깃한 국수에 야채와 고추장 양념을 비벼 먹는 음식.

ㅊ

• 찰氣(기)

  곡식이나 그것으로 만든 음식 따위의 끈기 있는 성질이나 기운.

• 찰떡宮合(궁합)

  아주 잘 맞는 궁합 또는 서로 마음이 맞아 아주 친하게 지내는
  관계를 이르는 말.

• 채盤(반)

  껍질을 벗긴 싸릿개비 따위의 오리를 울과 춤이 거의 없이 둥글
  넓적하게 결어 만든 그릇.

• 채鬚髥(수염)

  숱은 그리 많지 않으나 퍽 길게 드리운 수염.

• 척척博士(박사)

  무엇이든지 묻는 대로 척척 대답해 내는 사람.

• 철不知(부지)

  철없는 어린아이 또는 철없어 보이는 어리석은 사람.

• 첫情(정)

  맨 처음으로 든 정.

• 첫印象(인상)

  첫눈에 느껴지는 인상.

• 촛膿(농)

  초가 탈 때에 녹아서 흐르는 기름.

- **촛臺(대)**

  초를 꽂아 놓는 기구.

- **치數(수)**

  길이에 대한 몇 자 몇 치의 셈.

- **치마幅(폭)**

  치마의 너비.

ㅋ

- **칼退勤(퇴근)**

  퇴근 시간이 되자마자 지체 없이 바로 퇴근하는 것.

- **코對答(대답)**

  대수롭지 아니하게 여겨 건성으로 하는 대답.

- **코主簿(주부)**

  코가 큰 사람을 놀림조로 이르는 말.

- **코眼鏡(안경)**

  안경다리가 없이 코에 걸게 만든 안경.

- **콧鬚髥(수염)**

  코 아래에 난 수염.

- **큰宅(댁)**

  '큰집' 또는 남의 본처를 높여 이르는 말.

ㅌ

- **터主大監(숫대감)**

  집단의 구성원 가운데 가장 오래된 사람.

- **텃勢(세)**

  먼저 자리를 잡은 사람이 뒤에 들어오는 사람을 업신여기는 행동.

- **토막劇(극)**

  아주 짧은 단편적인 연극.

- **토막廣告(광고)**

  일반 광고와는 달리 프로그램을 방송하는 사이에 나가는 광고.

- **통字(자)**

  글자가 한 덩이에 다 새겨진 완전한 활자.

- **통琉璃(유리)**

  잇거나 자르지 않은 통째로 된 유리.

- **통長斫(장작)**

  쪼개지 않은 통짜의 장작.

- **퉁周鉢(주발)**

  품질이 낮은 놋쇠로 만든 주발.

- **튼實(실)**

  튼튼하고 실함.

ㅍ

- **파煎(전)**

  반죽한 밀가루에 길쭉길쭉하게 썬 파를 넣어 지진 전.

- **판局(국)**

  일이 벌어진 사태의 형편이나 국면.

- **판勢(세)**

  판의 형세.

- **판壯元(장원)**

  그 판에서 재주가 가장 뛰어난 사람.

- **판曹司(조사)**

  그 판에서 재주가 가장 뒤떨어지는 사람.

- **푸待接(대접)**

  정성을 들이지 않고 아무렇게나 하는 대접.

- **풀氣(기)**

  옷이나 피륙 따위에 밴 풀의 빳빳한 기운 또는 잘 붙는 끈끈한 성질이나 차진 기운.

- **풀毒(독)**

  풀의 독기.

- **풀漆(칠)**

  종이 따위를 붙이려고 무엇에 풀을 바르는 일. 겨우 끼니를 이어 가는 것.

- **풋沙果(사과)**
  아직 덜 익은 사과.

- **핏氣(기)**
  사람의 피부에 감도는 불그스레한 피의 기운.

ㅎ

- **한腹板(복판)**
  복판을 강조한 말.

- **한食頃(식경)**
  한 끼 밥을 먹을 동안.

- **한中間(중간)**
  한가운데.

- **한平生(평생)**
  살아 있는 동안.

- **해同甲(동갑)**
  어떤 일을 해질 무렵까지 계속함.

- **해消日(소일)**
  쓸데없는 일로 날을 보냄.

- **햇穀食(곡식)**
  그해에 새로 난 곡식.

- 헛間(간)

  막 쓰는 물건을 쌓아 두는 광.

- 헛放(방)

  쏘아서 맞히지 못한 총질 또는 쓸데없거나 미덥지 않은 말이나
  행동.

- 헛苦生(고생)

  아무런 보람도 없이 고생함 또는 그런 고생.

- 헛所聞(소문)

  근거 없이 떠도는 소문.

- 호강妾(첩)

  호강하는 첩.

- 홀數(수)

  2로 나누어서 나머지 1이 남는 수.

- 홑丹靑(단청)

  색이나 무늬가 많지 않고 단순한 단청.

- 흙漆(칠)

  어떤 것에 흙을 묻힘 또는 명예 따위를 더럽히는 일을 비유해 이
  르는 말.

- 흰酬酌(수작)

  되지 못한 희떠운 짓이나 말.

한자+한글+한자

- 각뿔대(角뿔臺)

  각뿔을 그 밑변에 평행한 평면으로 잘라 꼭짓점이 있는 부분을 없앤
  입체.

- 단짝패(單짝牌)

  단짝.

- 단칸방(單칸房)

  한 칸으로 된 방.

- 만살창(滿살窓)

  창살이 가로세로로 촘촘한 창.

- 목촛대(木촛臺)

  나무로 만든 촛대.

- 문설주(門설柱)

  문짝을 끼워 달기 위하여 문의 양쪽에 세운 기둥.

- 벽돌막(甓돌幕)

  벽돌을 구워 내는 공장.

- 사철란(四철蘭)

  난초과의 여러해살이풀.

- 삼세번(三세番)

  더도 덜도 없이 꼭 세 번.

- 생생목(生生木)

  천을 짠 후에 잿물에 삶지 아니한 당목(唐木).

- 세살창(細살窓)

  가는 창살로 된 창.

- 수염낭(繡염囊)

  아가리에 잔주름을 잡고 끈 두 개를 좌우로 꿰어서 여닫게 된 수를 놓은 작은 주머니.

- 실속파(實속派)

  실속을 잘 차리는 부류 또는 그에 속한 사람.

- 야밤중(夜밤中)

  깊은 밤.

- 양달력(洋달曆)

  벽이나 기둥에 걸어 놓고 보는 일력(日曆)이나 달력.

- 왜간장(倭간醬)

  일본식으로 만든 간장.

- 육개장(肉개醬)

  쇠고기를 삶아서 알맞게 뜯어 넣고 얼큰하게 갖은 양념을 하여 끓인 국.

- **위앞문(胃앞門)**

  위와 식도가 연결되는 국부(局部)로 '들문(門)'이라고도 함.

- **장국죽(醬국粥)**

  쇠고기를 잘게 이겨 장국을 만든 뒤에 물에 불린 쌀을 넣고 쑨 죽.

- **장독대(醬독臺)**

  장독 따위를 놓아두려고 뜰 안에 좀 높직하게 만들어 놓은 곳.

- **창살문(窓살門)**

  창살을 댄 문.

- **철밥통(鐵밥桶)**

  본디 철로 만들어서 튼튼하고 깨지지 않는 밥통을 뜻하나 요즘은 해고의 위험이 적고 고용이 안정된 직업을 비유적으로 이르는 말로 쓰임.

- **홍살문(紅살門)**

  능(陵), 원(園), 묘(廟), 대궐, 관아(官衙) 따위의 정면에 세우는 붉은 칠을 한 문.

- **기절초풍(氣絶초風)**

  기절하거나 까무러칠 정도로 몹시 놀라 질겁함.

- **남사당패(男사당牌)**

  조선 후기부터 떠돌아다니며 노래와 춤, 풍물 연주, 갖가지 재주 부리기 따위를 일삼는 남사당의 무리.

- 단동부출(單동不出)

  윷놀이에서 한 동도 내지 못하고 놀이를 싱겁게 지는 것을 이르는 말.

- 대솔장작(大솔長斫)

  큰 소나무를 잘라서 팬 장작.

- 반지기층(半지기層)

  모래, 자갈 따위가 반반 섞인 지층.

- 삼판양승(三판兩勝)

  승부를 겨룰 때 세 판 가운데 두 판을 먼저 이기는 쪽이 승리함.

- 오첩반상(五첩盤床)

  밥, 탕, 김치, 간장, 찌개를 기본으로 하고 숙채, 생채, 구이나 조림, 전류, 마른반찬의 다섯 가지 반찬을 차린 밥상.

- 오사리잡놈(五사리雜놈)

  온갖 못된 짓을 거침없이 하는 잡놈 또는 여러 종류의 잡된 무리.

한글+한자+한글

- 개잡놈(개雜놈)

  행실이 몹시 잡스러운 사내를 욕하여 이르는 말.

- 개장국(개醬국)

  개고기를 여러 가지 양념, 채소와 함께 고아 끓인 국.

- 개천가(개川가)

  개천이 흐르는 변두리의 땅.

- 귀벽돌(귀甓돌)

  담이나 벽 따위의 귀퉁이를 쌓기 위하여 쓰는 세모꼴의 벽돌.

- 꽃동네(꽃洞네)

  정겹고 화목한 동네를 비유해 이르는 말.

- 꽃향내(꽃香내)

  꽃에서 나는 향내.

- 달동네(달洞네)

  산등성이나 산비탈 따위의 높은 곳에 가난한 사람들이 모여 사는 동네.

- 돌심보(돌心보)

  속을 겉으로 드러내지 아니하는 냉정한 마음보 또는 그런 사람

- 된장국(된醬국)

  된장을 풀어서 끓인 국

- 들창눈(들窓눈)

  눈꺼풀이 들창처럼 위로 쳐들려 있는 눈

- 들창코(들窓코)

  코끝이 위로 들려서 콧구멍이 드러나 보이는 코 또는 그렇게 생긴 사람.

- **말본새(말本새)**

  말하는 태도나 모양새.

- **맞총질(맞銃질)**

  상대편이 총을 쏠 때 마주 총을 쏘는 짓.

- **먹반달(먹半달)**

  반달 모양의 검은 종이를 머리에 붙인 연.

- **먹통줄(먹桶줄)**

  먹통에서 먹물을 머금고 나오는 줄.

- **모종삽(모種삽)**

  어린 식물을 옮겨 심을 때에 사용하는 흙손만 한 작은 삽.

- **모판흙(모板흙)**

  모판 바닥에 까는, 기름진 흙이나 두엄 따위.

- **민색떡(민色떡)**

  특별한 모양으로 꾸미지 않고 색절편만 밥소라에 보기 좋게 담은 떡.

- **불벽돌(불甓돌)**

  내화 점토를 구워서 만든 벽돌.

- **불상놈(불常놈)**

  아주 천한 사람을 낮잡아 이르는 말.

- 석장볏(석張볏)

  석 장으로 된 닭의 볏.

- 손궤짝(손櫃짝)

  거처하는 곳 가까이에 두고 쓰는 조그마한 궤.

- 쇠죽솥(쇠粥솥)

  쇠죽을 끓이는 데에 쓰이는 아주 크고 우묵한 솥.

- 옷셋집(옷貰집)

  혼인 예복 따위를 빌려 주고 그 값을 받는 일을 업으로 하는 집.

- 움막집(움幕집)

  땅을 파고 위에 거적 따위를 얹고 흙을 덮어 추위나 비바람만 가릴 정도로 임시로 지은 집.

- 판상놈(판常놈)

  아주 못된 상놈이라는 뜻으로, 남을 비속하게 이르는 말.

- 헛간채(헛間채)

  거름 따위를 두는, 헛간으로 된 집.

- 흙벽돌(흙甓돌)

  흙을 재료로 하여 만든 벽돌.

- 흙탕물(흙湯물)

  흙이 풀리어 몹시 흐려진 물.

- 곁방살림(곁房살림)

  남의 집 곁방을 빌려서 사는 것 또는 그런 살림.

- 골방지기(골房지기)

  방구석에 처박혀 꼼짝 아니하는 사람.

- 글방물림(글房물림)

  글방에서 공부만 하다가 갓 사회에 나와 세상 물정에 어두운 사람을 낮잡아 이르는 말.

- 끝장놀이(끝張놀이)

  책의 겉장과 속표지 사이에 있는 책장.

- 난생처음(난生처음)

  세상에 태어나서 첫 번째.

- 넉자바기(넉字바기)

  네 글자로 된 말마디나 시문.

- 다홍치마(다紅치마)

  짙고 산뜻한 붉은빛 치마.

- 돈점박이(돈點박이)

  몸에 엽전 크기만 한 점들이 박혀 있는 말.

- 말종방울(말鐘방울)

  종 모양으로 생기고 위에 꼭지가 달린, 말에 다는 방울.

- 밥보자기(밥褓자기)

  밥을 담은 그릇이나 차려 놓은 밥상을 덮어 두거나 싸는, 베나 헝 겊으로 만든 보자기.

- 밥상머리(밥床머리)

  차려 놓은 밥상의 한쪽 언저리나 그 가까이.

- 안방마님(안房마님)

  안방에 거처하며 가사의 대권을 가진 양반집의 마님을 이르던 말.

- 애물단지(애物단지)

  몹시 애를 태우거나 성가시게 구는 물건이나 사람을 낮잡아 이 르는 말.

- 오막살이(오幕살이)

  오두막처럼 허술하고 초라한 작은 집에서 살아가는 일.

- 잔병치레(잔病치레)

  잔병을 자주 앓음.

- 쪽방살이(쪽房살이)

  쪽방에서 사는 살림살이.

- 촛대다리(촛臺다리)

  장딴지가 없어서 밋밋하게 생긴 다리를 촛대에 비유해 이르는 말.

- 난데장꾼(난데場꾼)

  다른 고장에서 온 장꾼.

- **두메산골(두메山골)**

  도회에서 멀리 떨어져 사람이 많이 살지 않는 변두리나 깊은 곳.

- **맷돌중쇠(맷돌中쇠)**

  맷돌의 위짝과 아래짝 한가운데 박는 쇠.

- **호리병박(호리瓶박)**

  길쭉하며 가운데가 잘록한 모양으로 호리병처럼 생긴 박.

- **괴나리봇짐(괴나리褓짐)**

  걸어서 먼 길을 떠날 때에 보자기에 싸서 어깨에 메는 작은 짐.

- **먼산바라기(먼山바라기)**

  늘 먼 곳만을 우두커니 바라보는 사람 또는 한눈을 파는 짓.

기타

- **가타부타(可타좀타)**

  어떤 일에 대하여 옳다느니 그르다느니 함.

- **동네방네(洞네坊네)**

  온 동네. 또는 이 동네 저 동네.

- **불여튼튼(不如튼튼)**

  튼튼히 하는 것보다 더 나은 것이 없음.

- **사시사철(四時四철)**

  봄·여름·가을·겨울 네 철 내내의 동안.

- 신통방통(神通방通)

  매우 대견하고 칭찬해 줄 만함.

- 진탕만탕(진宕만宕)

  양에 다 차고도 남을 만큼 매우 많고 만족스럽게.

- 천길만길(千길萬길)

  매우 깊거나 높은 모양을 비유적으로 이르는 말.

- 청실홍실(靑실紅실)

  혼례에 쓰는 남색과 붉은색의 명주실 테.

뜻이 중첩된 합성어

'야밤중'의 '夜(밤 야)'와 '밤'처럼 우리가 자주 쓰는 말 중에
는 뜻이 중첩된 것들이 많다. 대부분 한자어의 뜻을 보다 명확
하게 하기 위해서 같은 뜻을 가진 한글 단어를 붙인 경우다. 그
러나 '신년(新年)'과 '새해'를 붙여 만든 '신년새해'처럼 군이 한
자와 한글을 붙여 새로운 단어를 만들어야만 할 필요는 없다.
이런 합성어는 한글로 쓰는 것이 바람직하다.

나무판자(板子)   판(널 판)

대청마루(大廳마루)   廳(관청 청;'마루'의 의미도 있음)

명당자리(明堂자리)   堂(집 당;'집터'의 의미도 있음)

모래사장(沙場)	沙(모래 사)
몸보신(몸補身)	身(몸 신)
분가루(粉가루)	粉(가루 분)
빈 공간(空間)	空(빌 공)
빈 여백(餘白)	餘(남을 여)
석삼년(석三年)	三(석 삼)
송이버섯(松栮버섯)	栮(버섯 이)
수양버들(垂楊버들)	楊(버들 양)
술주정(술酒酊)	酒(술 주)
장도칼(粧刀칼)	刀(칼 도)
전선줄(電線줄)	線(줄 선)
남은 여생(餘生)	餘(남을 여)
넓은 광장(廣場)	廣(넓을 광)

우리말 속 일본말 찌꺼기

우리말의 70% 이상을 차지하는 한자 가운데 일본식 한자가 많다. 이는 일제 강점기에 일본이 우리 민족에게 강제로 쓰게 했거나 일본인과 함께 공부한 지식인(?)들이 그대로 받아들인 한자다.

대표적인 사례가 '노견(路肩; 길 로, 어깨 견)'이다. 노견은 'road shoulder'를 일본이 번역하여 사용하던 것을 우리나라에서 그대로 받아들인 것이다.

1991년 8월, 우리 정부는 일본어를 그대로 사용한 단어와 일본색이 짙은 단어 415개를 순화 대상 용어로 선정했다. 그리고 1997년 2월에는 다시 우리 생활 속에서 잘못 쓰이는 일본어 투 단어 377개를 선정하여 우리말로 순화하는 노력을 기울이고 있다.

그 결과, 국민학교(國民學校)가 초등학교(初等學校)로, 간수(看守)가 교도관(矯導官)으로, 명일(明日)이 내일(來日)로, 조식(朝食)·중식(中食·석식(夕食)이 아침밥·점심밥·저녁밥으로 그리고 노견(路肩)이 갓길로 바뀌는 등 성과를 거두었다. 그러나 여전히 일본어 투를 그대로 사용하는 사람들이 많기 때문에 무관심을 일깨우는 노력이 필요하다. 특히, 어린 학생들이 일본말 찌꺼기를 제대로 알고 쓰지 않도록 가르쳐야 한다.

순화해야 할 일본어

가다마이(片前, かたまえ) → 양복

가부라(鏑, かぶら) ───→ 접단

다꾸앙(澤庵, たくあん) ──→ 단무지

뗑뗑이 가라(點點 柄, てんてん がら) → 물방울무늬

모찌(餠, もち) ────────→ 찹쌀떡

몸뻬(もんぺ) ────────→ 일 바지

미싱(ミシン) ────────→ 재봉틀

사시미(刺身, さしみ) ───→ 생선회

사라다(サラダ) ──────→ 샐러드

소데나시(そでなし) ⟶ 맨팔(옷), 민소매

시보리(絞, しぼり) ⟶ (뜨개)조르개

쓰키다시(前菜, つきだし) → 곁들이 안주

에리(襟, えり) ⟶ 옷깃

오뎅(御田, おでん) ⟶ 꼬치

와리바시(わりばし) ⟶ 나무젓가락

우동(饂飩, うどん) ⟶ 가락국수

우라(裏, うら) ⟶ 안(감)

우와기(上衣, うわぎ) ⟶ 양복)저고리

순화해야 할 일본어 투 한자

간발(間髮)의 차이 ⟶ 터럭 하나 차이

간식(間食) ⟶ 새참

감안(勘案)하다 ⟶ 충분히 생각하다, 참작하다

계주(繼走) ⟶ 이어달리기

고수부지(高水敷地) ⟶ 둔치

곤색(紺色) ⟶ 감청색, 남색

공해(公害) ⟶ 오염

기라성(綺羅星) ⟶ 밤하늘의 반짝이는 수많은 별

기합(氣合)받다 ⟶ 벌을 받는다. 혼난다

납득(納得)하다 ──────→ 이해하다

대합실(待合室) ──────→ 대기실

매점(賣店) ──────→ 가게

무데뽀(無鐵砲) ──────→ 무모하다

백묵(白墨) ──────→ 분필

부락(部落) ──────→ 동네

부지(敷地) ──────→ 터

사물함(私物函) ──────→ 개인보관함

사양(仕樣) ──────→ 설명, 설명서, 품목

생애(生涯) ──────→ 일생, 평생

선착장(船着場) ──────→ 나루터

세대(世代) ──────→ 가구, 집

수순(手順) ──────→ 차례, 절차

시말서(始末書) ──────→ 경위서

시합(試合) ──────→ 경기, 겨루기

십팔번(十八番) ──────→ 애창곡, 단골노래

애매(曖昧) ──────→ 모호

역할(役割) ──────→ 소임, 할 일

우천시(雨天時) ──────→ 비 올 때

육교(陸橋) ──────→ 구름다리

일가견(一家見) ──────→ 자기 나름의 주장이나 학설

조견표(早見表) ⟶ 일람표

중차대(重且大)하다 ⟶ 중대하다, 심각하다

집중호우(集中豪雨) ⟶ 장대비

천정(天井) ⟶ 천장

촌지(寸志) ⟶ 작은 정성

추월(追越) ⟶ 앞지르기

택배(宅配) ⟶ 가정배달

할증료(割增料) ⟶ 웃돈

혜존(惠存) ⟶ ○○님께 삼가 드립니다

혹성(惑星) ⟶ 행성, 유성

환승(換乘)하다 ⟶ 갈아타다

흑판(黑板) ⟶ 칠판

프랑스엔 〈크세주〉, 일본엔 〈이와나미 문고〉, 한국에는 〈살림지식총서〉가 있습니다.

📖 전자책 | 🔍 큰글자 | 🔊 오디오북

우리말 한자 바로 쓰기

| 펴낸날 | 초판 1쇄 2014년 3월 14일 |
| | 초판 3쇄 2020년 6월 25일 |

지은이	안광희
펴낸이	심만수
펴낸곳	(주)살림출판사
출판등록	1989년 11월 1일 제9-210호

주소	경기도 파주시 광인사길 30
전화	031-955-1350 팩스 031-624-1356
기획·편집	031-955-4671
홈페이지	http://www.sallimbooks.com
이메일	book@sallimbooks.com

| ISBN | 978-89-522-2844-4   04080 |
| | 978-89-522-0096-9   04080 (세트) |

이 도서의 국립중앙도서관 출판시도서목록(CIP)은 서지정보유통지원시스템 홈페이지
(http://seoji.nl.go.kr)와 국가자료공동목록시스템(http://www.nl.go.kr/kolisnet)에서
이용하실 수 있습니다.(CIP제어번호: CIP2014007589)